Es gibt nichts, was es im Fußball nicht gibt: Satte Schüsse von hungrigen Torjägern, Ecken, die erst herausgeholt und dann hereingebracht werden, enge Räume und weite Flanken, Schwalben und sterbende Schwäne, verlängerte Pässe und verkürzte Winkel, aufmerksame Bewacher und entführte Punkte.

»In diesem Geschäft«, sagt der Trainer Otto Rehagel, »gibt es nur eine Wahrheit: Der Ball muß ins Tor.« Aber bis dahin ist es ein weiter Weg. Fehlpässe, schon im Spielaufbau, führen zu Ballverlusten. Die gegnerische Abwehr steht dicht gestaffelt und macht die Räume eng und selbst hochkarätige Chancen werden von Stürmern versiebt und vergeigt.

Wer Fußball verstehen will, muß in die Sprache des Fußballs eindringen, ihre Metaphorik ebenso kennen wie ihre Kürzel und ihren Variantenreichtum. Und er muß aus dem, was zur Sprache kommt, auch schließen, worüber, aus Gründen, geschwiegen wird.

Das vorliegende ABC aus der Welt des Fußballs, das erstmals abgedruckt wurde im *Frankfurter Allgemeine Magazin*, ist Einführung und Spiel mit der Fußballsprache zugleich. So wie das Spiel nur ein Ziel kennt, hat auch alles, worüber der Fußballer spricht, Bezug nur auf das eine: das Tor.

insel taschenbuch 1630

Klaus Stein

Abseits bis Zweikampf

Klaus Stein

Abseits bis Zweikampf

Ein Fußball-ABC

Farbig illustriert von
Heinz Edelmann

Insel Verlag

Zur Erinnerung an
Norbert Mlynski

insel taschenbuch 1630
Erste Auflage 1994

Vertrieb durch den Suhrkamp Taschenbuch Verlag
Umschlag nach Entwürfen von Willy Fleckhaus
Satz: Satz-Offizin Hümmer GmbH, Waldbüttelbrunn
Druck: Nomos Verlagsgesellschaft, Baden-Baden
Printed in Germany

1 2 3 4 5 6 – 99 98 97 96 95 94

Inhalt

ABSEITS. Die einfachste Definition dessen, was Abseits ist, findet sich in einer jener vielfach verwendbaren zynischen Fußballweisheiten, die in diesem Fall lautet: Abseits ist, wenn der Schiedsrichter pfeift. Dies trägt zwar der Erfahrung Rechnung, daß die Tatsachenentscheidung des Schiedsrichters eben auch dann gilt, wenn die Abseitsregel, wie der zurückgepfiffene Spieler sicher weiß, gar nicht verletzt wurde, aber zur Aufklärung über den Sachverhalt trägt diese Definition a posteriori natürlich nichts bei. (Augenscheinlich gibt es jedoch, auch in der höchsten deutschen Spielklasse, Spieler, die es ablehnen, sich den theoretischen Gehalt der Abseitsregel anzueignen, und sich allein an der genannten pragmatischen Regelerklärung orientieren – mit den voraussehbaren Folgen.)

Unter Fußball-Laien gilt das Abseits als etwas Unbegreifliches. Offenbar aus dem einzigen Grund, daß es sich nicht, wie andere Grundtatsachen des

Fußballs, in einem einfachen Wenn-dann-Satz ausdrücken läßt (zum Beispiel: Wenn der Ball die Linie überquert, dann ist er aus). Es müssen nämlich ein paar Randbedingungen genannt werden, die sich in einem solchen überschaubaren Satz nicht so ohne weiteres unterbringen lassen. Schwer zu verstehen ist die Abseitsregel jedenfalls nicht, ›schwierig‹ ist allein ihre sprachliche Darstellung, weil in der Sprache die verschiedenen Faktoren, die zur Beurteilung, ob eine Abseitsstellung vorliegt oder nicht, erforderlich sind, nur nacheinander, in zeitlicher Abfolge genannt werden können, während es in der Lebenswirklichkeit des Fußballspiels gerade auf ihre Gleichzeitigkeit, ihre Koinzidenz ankommt. Es handelt sich also um ein Abbildungs-, nicht um ein logisches Problem, weshalb man bei der Erklärung des Abseits gern auf eine andere Darstellungsform, nämlich die Zeichnung, ausweicht.

Am leichtesten läßt sich das Abseits anhand eines Modells mit zwei Angriffs- und einem Abwehrspieler erklären. Vorausgeschickt sei, daß nur ein angreifender Spieler, der sich in der gegnerischen Spielhälfte aufhält, im Abseits stehen kann. In unserem Modell hat einer der beiden Angreifer den Ball, der andere hat ihn folglich nicht. Ganz entscheidend ist die relative Stellung desjenigen Angreifers, der nicht im Ballbesitz ist (denn nur er kann im Abseits stehen), zum Abwehrspieler, gemessen nach ihrem absoluten Abstand zur Toraus- bzw. Torlinie. Dabei repräsentiert der Angrei-

fer den am weitesten vorgeschobenen Spieler seiner Mannschaft, und der Abwehrspieler den am weitesten zurückgezogenen der seinen. Mit anderen Worten: Zwischen diesen beiden und der Torauslinie befindet sich kein weiterer Spieler, außer dem Torwart, aber auf den kommt es hier nicht an. Gleichgültig ist auch die Stellung des zweiten, des ballführenden Angreifers, wenn nur die eine Bedingung erfüllt ist, daß er der Torauslinie nicht näher sein darf als sein Mitspieler. Beim ballführenden Spieler kommt es allein darauf an, wann er den Ball in Richtung auf das Tor spielt, ob als Vorlage für den Mitspieler oder als Schuß aufs Tor gilt gleichviel.

Wenn der in vorderster Linie postierte Angreifer in dem Moment, in dem der Ball den Fuß seines Mitspielers verläßt, der Torauslinie näher ist als der Abwehrspieler, und sei es nur einen halben Schritt, dann steht er im Abseits (und der Schiedsrichter pfeift, es gibt Freistoß für den Gegner).

Wenn aber der Abwehrspieler der Torauslinie in diesem Augenblick näher ist als der Angreifer, dann geht das Spiel ohne Unterbrechung weiter: kein Abseits. Und das ist auch schon alles. Über Abseits oder nicht entscheidet also der relative Abstand von Verteidiger und Angreifer zur Torauslinie im Moment der Ballabgabe durch den zweiten Angreifer.

Schwierig zu entscheiden ist diese Spielsituation oft deshalb, weil Schieds- und Linienrichter zwei manchmal weit voneinander entfernte Stellen des Spielfelds gleichzeitig im Auge haben müssen: Sie müssen den ballführenden Spieler beobachten, um zu sehen, wann er den Ball abspielt, und sie müssen gleichzeitig erfassen, in welcher Stellung zueinander sich der vorderste Angreifer und der letzte Verteidiger genau in diesem Augenblick befinden. Und das alles bei Spielern, die nicht auf der Stelle stehen, sondern in Bewegung sind.

Abseitsfalle. Ein Mißbrauch der Abseitsregel, der sich allerdings nicht abstellen läßt, ohne die ganze Regel abzuschaffen, ist die Abseitsfalle. Die Abseitsregel dient ihrer Intention nach der Disziplinierung des Offensivdranges, sie soll es den Angreifern ein wenig schwerer machen, ihr Ziel zu erreichen, und der bedrängten Mannschaft ein wenig Schutz gewähren (man merkt: Sie stammt aus den Zeiten, als die Mannschaften noch mit fünf

Stürmern aufliefen). Die Abseitsfalle dreht diese Absichten einfach um und macht daraus ein Instrument zur Verhinderung von Angriffen, so daß richtige Abwehrarbeit gar nicht mehr geleistet werden muß. Das ist clever und wirksam – außer wenn's schiefgeht –, aber es haftet doch ein Rüchlein von erschlichenem Vorteil, von Trickbetrug an solcher Praxis.

Es ist auch immer wieder ein absurd anmutendes Bild, wenn die Abwehrspieler auf Kommando alle gleichzeitig vom eigenen Tor wegrennen, obwohl der Gegner im Ballbesitz ist, um die Angreifer, die nicht schnell genug reagieren, ins Abseits zu stellen. So rennen die in die Defensive gedrängten Spieler vom eigenen Tor weg, das sie verteidigen wollen, und auch die Angreifer fliehen, der eigentlichen Spielrichtung entgegengesetzt, dieses Tor, das sie bestürmen wollen, damit sie nicht im Abseits stehen, wenn der Paß in die Tiefe vom ballführenden Mitspieler kommt. Verkehrte Welt.

Der ehemalige Nationalspieler Hrubesch, der zum Ausklang seiner Karriere in der belgischen Liga spielte, berichtete einmal, daß die Mannschaften dort dieses spielzerstörende Instrument so perfekt beherrschten, daß sich fast das gesamte Spiel auf einem schmalen Spielfeldstreifen zwanzig Meter links und rechts der Mittellinie abspielte.

Alleingang. Fußball ist ein Mannschaftsspiel, es lebt vom Zusammenwirken der Spieler, von der Teamarbeit, der Mannschaftsleistung; einer allein kann kein Spiel gewinnen. Wohl aber entscheiden. Was wäre das Spiel auch ohne die Solisten, die

herausragen aus dem grauen Heer der Mitläufer und soliden Fußballarbeiter, die sich der Logik des Spiels, dem Zwang zur Kooperation immer mal wieder entziehen und machen, was sie wollen (und können), die eigensinnig sind?

Schematisch wäre es und freudlos. Wie das Spiel der Mannschaftskollektive aus den Ländern des Staatssozialismus es war (von Ausnahmen abgesehen): leicht auszurechnen, ohne Überraschungsmomente. In ein System gepreßt, wurden Spieler zu Fußballrobotern, die leblos ihr Spiel absolvierten; Individualismus war nicht erwünscht. Das Elend der Planwirtschaft.

Mit anderen Worten: Zuviel Disziplin bringt nichts, im Gegenteil, Eigensinn und Eigennutz sind durchaus gefragt (über einen Spieler, der den Ball in aussichtsreicher Position abspielt, statt selbst zu schießen, sagt man tadelnd: zu uneigennützig; aber wer zu eigensinnig ist, verliert dauernd den Ball). Der Bremer Trainer Otto Rehagel hat das einmal, zu einem Konflikt mit seinem Spieler Manfred Burgsmüller befragt, in die Worte gekleidet: »Ein Spieler, der mir keine Schwierigkeiten macht, macht auch dem Gegner keine.«

Wie bei der Jamsession einer guteingespielten Jazzband ist auch im Spiel einer harmonierenden Fußballmannschaft immer Platz für eine Einlage, für ein Solo, für die einzelne Stimme, die sich plötzlich von all den anderen löst und abhebt, sagt, was sie zu sagen hat (Fußball hat nicht nur eine Sprache, einen Jargon, er ist auch eine), um dann wieder mit dem Tutti zu verschmelzen, das, während sie sprach, nur Hintergrund war, Kulisse.

Wenn Harmonie sich nicht einstellt, bleibt das Spiel in Einzelaktionen stecken, verzettelt sich eine Mannschaft in Einzelaktionen: ein Begriff, der also deutlich negativ besetzt ist. Wenn dagegen von Einzelleistung die Rede ist, selbst ohne qualifizierende Adjektive wie schön, fein, großartig u.ä., klingt immer Beifall an, Lob für die Leistung, die über das Übliche hinausgeht, wie zum Beispiel Buchwalds doppelter Übersteiger im Spiel gegen die Niederlande bei der Weltmeisterschaft 90 in Italien (den ihm niemand zugetraut hatte). Da versucht, da riskiert einer mal etwas (arg viel ist es genaugenommen nicht: nur Ballverlust, und das kommt vor), setzt sich durch. Und wenn nicht, hat er's wenigstens probiert – nicht nur im Sinne von versucht, sondern auch im Sinne von gekostet: das Abenteuer eines Wagnisses.

Das eigentliche Solo aber ist der Alleingang, ein langer Anlauf zum Schuß mit Ball. Entweder mittendurch oder, beim Konter, wenn die Abwehr des Gegners weit aufgerückt ist, übers freie Feld. Nachsetzende Abwehrspieler auf den Fersen, im Nacken, strebt der Spieler, über den der Konter läuft (Mannschaften fahren Konter) dem Tor entgegen und kann dabei seine Schnelligkeit ausspielen. Nerven behalten heißt es jetzt und sich entscheiden. Schießen? Oder den herauseilenden Torwart aus- oder umspielen, umkurven, und den Ball dann ins leere Tor schieben?

Schwieriger ist der Alleingang mittendurch. Er ist eine plötzliche Explosion (man sagt vom losrennenden Spieler: er explodiert) der Eigeninitiative, des Unternehmungsgeistes, ja, des Unternehmertums auf dem Feld. Eine der Maximen für erfolgreiches, ökonomisches Spiel lautet: den Ball laufen lassen, nicht mit dem Ball laufen (um nicht unnötig und frühzeitig Kräfte zu verschleißen). Wer zu einem Alleingang antritt, schlägt solche Vernunft in den Wind, er sieht sich nicht nach Abspielmöglichkeiten um, sondern schnappt sich den Ball und macht sich auf den Weg. In Eigenverantwortung, ohne fremde Hilfe sucht er sein Ziel zu erreichen: die Schußposition. Nicht die Ferne des Ziels, nicht die Zahl der Gegner, die sich entgegenstellen, schreckt ihn, fest hält er am einsamen Entschluß. Weil von alleine nichts geht, muß man manchmal alleine gehen, heißt sein Wahlspruch. (Es gibt aber auch die Variante des unfreiwilligen, zögernden Alleingangs: weil der ballführende Spieler keinen freien Mann findet, dem er den Ball zuspielen könnte, läuft er, Ausschau haltend, ob sich nicht doch eine Gasse öffnet, in die er hineinspielen könnte, mit dem Ball am Fuß immer weiter und weiter, wird, weil auch der Gegner den Paß erwartet, den der Alleingänger wider Willen so offensichtlich spielen will, nicht energisch angegriffen, und findet sich unversehens vor dem Tor des Gegners und hat eine Gelegenheit zum Schuß.)

Schnell muß er sein, der Alleingänger, dynamisch, robust, durchsetzungsfähig; und er muß den Ball ganz eng am Fuß führen können, sonst spitzelt ihn ein Gegner weg, und er kommt nicht weit auf seinem Gang. Unwiderstehlich tritt er an, zieht er oder tankt er sich durch, geht er (»Geh!« rufen die Mitspieler und auch der mitgehende Reporter und meinen: »Mach's alleine, gib nicht ab!«), läßt er die Gegner stehen, um endlich zum Schuß zu kommen.

Wenn es jetzt nur nicht im Abschluß hapert, weil ihn die Kräfte verlassen haben und die Konzentration versagt; denn im Alleingang muß ein schönes Stück Weg zurückgelegt werden, damit er einer ist. Wer nur zwei, drei Gegner ausspielt, aussteigen läßt, legt keinen Alleingang hin, sondern vollbringt nur eine Einzelleistung, wenn er dabei nicht mindestens zwanzig, eher dreißig, vierzig Meter mit dem Ball am Fuß läuft. Und manche Alleingänge gehen fast übers ganze Feld. Das macht müde, erschöpft.

Beamtenfußball, sagt man über ein lahmes, einschläferndes Spiel (oder Schlafwagenfußball), in dem kein Wettbewerbsgeist zu spüren ist, kein echter Konkurrenzkampf tobt, in dem keiner die Initiative ergreift, in dem das freie Spiel der Kräfte suspendiert ist zugunsten eines faulen Kompromisses zwischen den Mannschaften, eines fatalen Arrangements mit dem status quo, einer Art Nichtangriffspakt: man tut sich gegenseitig nicht weh. Ein Kartell sozusagen, und der Dumme, der Betrogene ist, wie immer, der Verbraucher. So darf es nicht sein. Ehrlich – und schön! – ist Fußball nur, kann Fußball nur sein, wenn er unvernünftig ist wie die Marktwirtschaft, ein ständiger Kampf um den Platz an der Sonne, Leidenschaft und Leiden (es *muß* weh tun!), Triumph und Untergang, jeder seines Glückes Schmied. Was das mit dem Alleingänger zu tun hat? Er ist ein Leuchtturm der Marktwirtschaft auf dem Fußballfeld.

Aus. »Aus! Aus! Aus!« rief Herbert Zimmermann bei seiner berühmten Reportage vom Endspiel der Fußball-Weltmeisterschaft 1954, Deutschland gegen Ungarn, und gebärdete sich wie ein Unsinniger. Natürlich war nicht der Ball im Aus, sondern das Spiel war vorbei und Deutschland zum ersten Mal Weltmeister, sonst hätte der Reporter ja nicht so ein Geschrei gemacht. Denn ein Ball im Aus: das passiert während eines jeden Spiels Dutzende von Malen, darüber regt sich niemand groß auf. Um Aus zu sein, muß der Ball das mit

Linien begrenzte Spielfeld verlassen haben, und zwar ›in vollem Umfang‹, womit aber nicht wirklich der Umfang des Balles gemeint ist, sondern sein Durchmesser. Mit anderen Worten: Der ganze Ball muß Aus sein, ehe er regelgerecht Aus ist. Was manchmal schwer zu entscheiden ist für den Schieds- und seine Linienrichter, weil gerade in dem Moment, in dem der Ball über die Linie rollt oder fliegt, ihn ein Spieler wieder ins Spielfeld zurücktritt. War er nun schon Aus oder noch nicht?

Es gibt das Seitenaus und das Toraus. Im Seitenaus ist der Ball, wenn er die Seitenlinie des Spielfelds überquert hat. Zur Fortsetzung des Spiels gibt es dann Einwurf. Im Toraus ist der Ball, wenn er das Spielfeld über die Verlängerungen der Torlinie, links und rechts des Tores, bis zu den Eckfahnen, verlassen hat. Je nachdem, ob ein Spieler der angreifenden oder der verteidigenden Mannschaft den Ball zuletzt berührt hat, gibt es dann Eckball (für die angreifende Mannschaft) oder Torabstoß (für die verteidigende).

Wenn der Ball die Begrenzungslinie des Spielfelds zwischen den Torpfosten, also die Torlinie, überquert, ist er nicht Aus, sondern drin: im Tor nämlich, und darum geht's beim Fußball.

Noch zwei Bemerkungen zum Aus. Wenn der Schiedsrichter Aus gibt, hat er nicht etwa die Spendierhosen an, sondern entscheidet in einer strittigen Situation statt auf Eckball auf Torab, oder er unterbricht das Spiel, weil seiner Ansicht nach der Ball im Seitenaus war.

Und auch, wenn es heißt: ›Der geht Aus‹, ist nicht davon die Rede, daß jemand auf'n Zwutsch geht, sondern es geht wieder um den Ball, und der Sprecher bekundet damit, daß er schon jetzt, da der Ball noch unterwegs ist, erkennt, daß er zu lang, ein

Paß zu ungenau ist, als daß der hinterherrennende Spieler ihn noch erreichen könnte, ehe er die Linie überquert.

BALL. Der Ball ist, wie in so vielen anderen Sportarten, auch im Fußball das Spielgerät, um das sich alles dreht, und er ist natürlich rund. Eine Form, in der nach der Auffassung des ehemaligen Bundestrainers Sepp Herberger nicht nur die Ursache der ganzen Unberechenbarkeit des Fußballs liegt, sondern in der diese sich auch symbolisch darstellt. Mit seiner klassisch gewordenen Aussage »Der Ball ist rund, und ein Spiel hat neunzig Minuten« meinte Herberger nichts anderes, als daß die Rundheit des Balles, von dem man nicht weiß, wohin er rollen, und die Ausdehnung der Zeit, von der man nicht weiß, was darin geschehen wird, keine sichere Prognose über den Ausgang eines Spieles zuläßt, wie immer die Voraussetzungen auch beschaffen sein mögen.

Oft aber wird in einer Redefigur auch kurz Ball genannt, was eigentlich seine Bewegung im Raum, den Flug über das Spielfeld oder auch den Ausgangspunkt seiner Bewegtheit meint. Und dann ist ein Ball nicht mehr nur rund, dann kann er auch lang sein oder kurz, hoch oder flach, oder er wird zum Eckball. Ein langer Ball ist ein Ball, der nach einem Tritt eine weite Strecke über das Spielfeld fliegt, ohne daß ein Spieler ihn unterwegs berührt und seine Flugbahn verändert, in Richtung auf oder vor

das gegnerische Tor; denn der lange Ball ist ein Angriffsball. Rückpässe können noch so lang sein, zum langen Ball werden sie nie. Und obwohl der Schuß aufs Tor selbstverständlich ein Angriffsball ist, spricht man, selbst wenn er von der Mittellinie abgegeben wird, auch nicht von einem langen Ball. Der lange Ball sucht nämlich den Mitspieler, nicht den Torerfolg. Aber lange Bälle, in den freien Raum gespielt, reißen die Abwehr auf und eröffnen Torchancen.

Ein langer Ball ist fast immer ein Steilpaß (er kann auch eine Flanke sein), während ein Steilpaß auch kurz gespielt werden kann. Pässe quer über die ganze Breite des Spielfeldes sind übrigens nicht lange Bälle, sondern Seitenwechsel. Homonym wird auch der Tausch der Spielfeldhälften nach der Halbzeit Seitenwechsel genannt, welche

Bezeichnung in Formulierungen wie ›nach dem Seitenwechsel‹ wiederum oft synonym gebraucht wird für die Halbzeitpause nach den ersten fünfundvierzig Minuten Spielzeit.

Die Existenz zweier Seitenwechsel verdankt sich unterschiedlichen Perspektiven auf das Spielfeld, deren Differenz ziemlich genau neunzig Grad beträgt; denn einmal wird das Spielfeld, aus der Sicht der Spieler, in Längsrichtung betrachtet, das andere Mal, aus der Sicht des (Tribünen-)Zuschauers, quer. Und so kommt auch im Fußball die Geometrie zu ihrem Recht, und das (Rasen-)Rechteck hat vier Seiten und nicht nur zwei. Doch zurück zum Ball und seinen verschiedenen Erscheinungsformen. Auch einem angeschnittenen Ball fehlt natürlich nichts zu seiner kompletten Rund-

heit, vielmehr ist er durch einen kunstvollen Tritt in eine mehr oder weniger starke Rotationsbewegung versetzt, die seine Flugbahn entscheidend beeinflußt. Mit angeschnittenen Bällen kann man, wenn man's kann, im Bogen um Mauern herum oder über sie hinweg oder mit einem Eckball direkt ins Tor treffen. Auch die Bananenflanke ist ein angeschnittener Ball, aber anders als die Ecke, die sich ins Tor hineindreht, dreht sich der Ball bei der Bananenflanke im letzten Teil seiner Flugbahn, nämlich vor dem gegnerischen Tor, wieder vom Tor weg, nachdem er erst darauf zugeflogen ist. Er wird immer länger und länger, so daß der Torwart, der aus seinem Tor herausgelaufen ist, ihn nicht zu fassen kriegt.

Gefährlich sind auch Flatterbälle, obwohl sie nicht angeschnitten sind. Sie fliegen ungefähr so, wie ein Auto auf gerader Strecke fährt, das von einem alkoholisierten Fahrer gelenkt wird: in unregelmäßigen Schlangenlinien. Was sie unberechenbar macht. Flatterbälle entstehen durch bestimmte Windverhältnisse (Rücken- oder Gegenwind) oder wenn die Bälle zu hart aufgepumpt und damit zu leicht werden. Masse, Luftwiderstand und Geschwindigkeit geraten in ein Mißverhältnis, und das Ergebnis ist Instabilität.

Noch gefährlicher sind abgefälschte Bälle. Das sind scharf getretene Bälle, die im spitzen Winkel abrupt aus ihrer Flugbahn abgelenkt werden durch einen im Wege stehenden oder sich in den Weg werfenden Spieler. Der abgefälschte Ball ist das

Ergebnis einer mißlungenen Intervention, er ist ein naher Verwandter des Unglücks. Es gibt ihn übrigens nur in Tornähe, weil er nur dort eine Gefahr heraufbeschwört, die einen eigenen Namen verdient (abgefälschte Bälle im Mittelfeld bleiben namenlos). Ein Torwart hat gegen einen abgefälschten Ball so gut wie keine Chance, er wird immer auf dem falschen Fuß erwischt.

Eine Lachnummer ist der verstolperte Ball, bei dem ein angreifender Spieler in aussichtsreicher Position, statt entschlossen sofort aufs Tor zu schießen, durch den überflüssigen Versuch, noch einen Gegner auszuspielen, oder überhaupt durch unangebrachtes Zögern, den Ball verliert. Aber auch Abwehrspieler können einen Ball verstolpern, indem sie ihn sich durch Unaufmerksamkeit oder durch Lässigkeit, oder weil sie, statt abzuspielen, unnötig einen Zweikampf annehmen, vom Gegner abnehmen lassen. Der Stürmer vergibt eine Torchance, der Abwehrspieler eröffnet dem Gegner eine, wenn er den Ball verstolpert. In jedem Falle macht der Betroffene dabei keine gute Figur, weil er die Kontrolle über den Ball auf eine Weise verliert, die unkoordiniert und tölpelhaft aussieht.

BALLBEHANDLUNG. Eine gute Ballbehandlung ist das Geschick, mit dem Ball in allen Spielsituationen machen zu können, was man will. Man nennt Spieler, die das können, technisch gute Spieler

oder kurz gute Techniker. Ihnen springt der Ball nicht vom Fuß, wenn sie ihn stoppen, und wenn sie ihn mit der Brust annehmen, tropft er ihnen direkt auf den Fuß. Im Laufen führen sie den Ball so eng am Fuß, daß es aussieht, als klebte er daran. Sie hauen nicht mit roher Gewalt auf den Ball, sondern behandeln ihn pfleglich, ja, sie streicheln ihn gar mit dem fußballschuhbewehrten Fuß natürlich. Diese Ballzauberer beherrschen komplizierte Bewegungsabläufe im Schlaf, ihre Ballgewandtheit läßt alles, was sie machen, leicht und elegant aussehen. Manchmal sind sie allerdings zu ballverliebt, und dann ist es wie im Leben, das es neben dem Fußball gibt: Der allzusehr Geliebte hält es nicht aus bei einem solchen Liebhaber und läßt sich von einem anderen erobern.

CHANCE. Eine Chance ist im Fußball eine offensichtliche Gelegenheit, direkt ein Tor zu erzielen. Was sonst? Aber oft wird auch im Nachhinein jeder Ball eine Chance genannt, der das Tor nur knapp verfehlt hat, obwohl vorher niemand eine Gelegenheit gesehen hat, die irgend jemand hätte nutzen können.

Eine vergebene Chance ist eine vertane, eine versiebte, eine vergeigte, eine verstolperte. Wenn ein Spieler gleich mehrere Chancen nicht nutzen kann, klebt ihm das Pech an den Stiefeln, und wenn diese Erfolglosigkeit sogar einige Spiele lang dauert, hat er die Seuche. Es taucht dann schnell auch die Frage auf: Pech oder Unvermögen?Und in unseren hämischen Zeiten (und bei den neiderre-

genden Gehältern, die die Spieler für ihre Dienste einstreichen) neigt man dazu, den betreffenden Spieler als Versager hinzustellen. Bis er wieder trifft. Dann hat er die Durststrecke überwunden (woraus deutlich wird, daß die Erfolglosigkeit als eine Wüste vorgestellt wird).

Pech nehmen Fußballer gelegentlich für sich in Anspruch, wie es Jürgen Wegmann, der frühere Stürmer von Bayern München, einmal tat, als er formulierte: »Erst hatten wir kein Glück, und dann kam auch noch Pech dazu.« Vom Glück, vom günstigen Zufall, vom Dusel aber wird nur selten gesprochen. Glück gehabt zu haben, widerspricht dem handwerklichen Arbeitsethos der Fußballer und ihrer Trainer, ihrer Überzeugung, daß ihre Professionalität allemal ausreicht, um das Glück zu zwingen. Auf etwas Schicksalhaftes wie das Glück darf sich der Fußballer nicht verlassen, er muß an die Machbarkeit des Sieges glauben, sonst ist er verloren, und das Spiel auch.

DECKUNG. In jenen fernen Zeiten, als das Wünschen noch geholfen hat und es im Fußball noch in erster Linie darum ging, Tore zu schießen, bestand eine Mannschaft aus einem Torwart, zwei Verteidigern, drei Läufern und fünf Stürmern. Heute geht es vor allem darum, Tore zu verhindern, deswegen hat sich die Mannschaftsstruktur umgekehrt: Immer noch gibt es einen Torwart und drei Mittelfeldspieler, aber nur noch zwei Stürmer. Die fünf

Abwehrspieler, die die Deckung bilden, haben freilich einen sehr viel größeren Aktionsradius als die früheren Verteidiger, die ihre eigene Hälfte praktisch nie verließen.

Eine Mannschaft kann in Mann- oder Raumdekkung spielen oder auch in einem Mischsystem. Bei der Manndeckung wird einem Abwehrspieler die Aufgabe übertragen, einen bestimmten Angreifer (zum Beispiel den Spieler mit der Nummer 9) auszuschalten, ihn nicht ins Spiel, nicht zum Zug, am besten gar nicht erst an den Ball kommen zu lassen, auf jeden Fall zu verhindern, daß er ein Tor erzielt. Dazu folgt er ihm auf Schritt und Tritt und läßt ihn nicht aus dem Auge, so daß der Kontakt zwischen den beiden Spielern während des gesamten Spiels eigentlich nie abreißt.

Die modernere Raumdeckung ist ein Spielsystem, das diese intensive zwischenmenschliche Beziehung auflöst. Ein Abwehrspieler in der Raumdeckung orientiert sein Handeln nicht mehr an einem persönlichen Gegenspieler, sondern bewacht entfremdet einen bestimmten, ihm zugeteilten Abschnitt des Spielfeldes, wie Grenzschutztruppen bestimmte Grenzabschnitte kontrollieren, und stürzt sich auf jeden Anonymus, der in diesen Raum eindringt, egal wer er sei.

Mit der Einführung der Raumdeckung war die Herauslösung des Fußballs aus dem gefühlsbetonten proletarischen Milieu und seine Überführung in die von Geschäftsinteressen geprägte bürgerliche Sphäre auch spieltechnisch besiegelt.

Jetzt genügt auch der Volksschulabschluß nicht mehr, die Raumdeckung erfordert Spieler, die in abstraktes Denken eingeübt sind. Auch im Fußball ist jetzt das Abitur Karrierevoraussetzung. Der Verteidiger alten Typs nahm es persönlich, wenn ihn sein Gegenspieler ein ums andere Mal narrte, und mähte ihn schließlich, wenn's ihm zuviel wurde, aufgebracht um. Der intelligente Abwehrspieler, der heute auf den Fußballfeldern dominiert, ist frei von emotionalen Aufwallungen, er geht seiner Arbeit nach und setzt Gewalt kalkuliert ein.

Vorläufer der Raumdeckung war der Libero, der freie, der von der Bewachung eines ihm zugeteilten Angreifers befreite Mann (und Beckenbauer, der Erfinder des Libero, markiert damit den Beginn der Fußball-Moderne), der als Feuerwehr immer da eingreift, wo er gebraucht wird: eine freischaffende Tätigkeit, wie sie Ärzte, Anwälte, Künstler ausüben. Denn natürlich funktioniert keine Mann- oder Raumdeckung der Welt hundertprozentig (sonst gäbe es ja gar keine Tore mehr): Abwehrspieler werden ausgespielt und -getrickst, überlaufen, stehengelassen, genarrt, getunnelt, düpiert, schwindelig gespielt. Der Libero ist ganz für sich allein eine Art komplette zweite Abwehr hinter der ersten oder auch vor ihr: Obwohl er ja selbst zur Abwehr gehört, spricht man tatsächlich davon, daß der Libero vor oder hinter der Abwehr spielt. Der Libero ist aber viel mehr als nur der Notnagel, er ist eine Art Abwehrstratege, der Chef der Abwehr. Um erfolgreich seine Rolle spielen zu können, muß er über ein gutes Stellungsspiel und ein gutes Spielverständnis verfügen, er muß den

Überblick behalten und die Abwehr zusammenhalten, wenn sie droht auseinanderzufallen. Er ist es, der die Kommandos gibt. Wenn es zum Äußersten kommt, wenn die entscheidende Niederlage droht, weil der Angriff versagt, befiehlt er nicht mehr den Kollegen, sondern sich selbst. »Nach vorn!« heißt die Order, es hält ihn nicht länger hinten. Und noch einmal zeigt der Sprachgebrauch, daß der Libero mehr ist als ein gewöhnlicher Abwehrspieler, ja, er suggeriert, daß der Libero mehrere Abwehrspieler ist; denn wenn er in den Angriff wechselt, sagt man, was man sonst von Arbeitsgruppen und Heeresverbänden sagt, nämlich: Der Libero wird aufgelöst.

Eine funktionierende Abwehr steht gut gestaffelt, da ist für den Gegner einfach kein Durchkommen. Wenn sie es ihm aber im Gegenteil leichtmacht, dann ist die Deckung löchrig, hat sie Lücken, ist sie offen wie ein Scheunentor, dann kassiert sie Tore. Und wer viele Gegentore hinnehmen muß, der offenbart eine Abwehrschwäche. Zur Stärkung versucht man es dann zunächst, in konservativer Behandlung, mit einer Umstellung der Deckung. Wenn das aber nicht hilft, wird radikal transplantiert: Ein neuer Mann wird eingebaut.

Früher war der Ausdruck »seinen Gegner gut im Griff haben« nur eine metaphorische Wendung, inzwischen haben sich die Abwehrspieler auf die handgreifliche Grundbedeutung dieses Ausdrucks besonnen und greifen, wenn ihr Gegenspieler versucht, an ihnen vorbeizugehen, wenn er ihnen zu entwischen droht, tatkräftig zu und halten fest, was sie gerade zu fassen kriegen: die Sportbekleidung, Arm oder Schulter oder auch jene empfindlichen Teile, die der Spieler, wenn er, einen Freistoß erwartend, in der Mauer steht, mit gekreuzten Unterarmen zu schützen sucht.

ECKE. »Woran hat's gelegen?« wollen die Reporter nach Niederlagen vom Trainer und den Spielern wissen. Allzu dürr sind jetzt die nackten Zahlen des Ergebnisses, auf das neunzig Minuten sportlicher Anstrengungen reduziert sind, allzu erbarmungslos erscheint das Realitätsprinzip, das im Fußball uneingeschränkt Geltung hat, und ein heimliches Bedürfnis nach Sinn, nach Erklärung, das vom Spielergebnis nicht zureichend befriedigt wird, regt sich. Die Fans pflegen deshalb nach dem Spiel beim Bier das philosophische Gespräch (und lesen, auf der Suche nach dem unergründlichen Geheimnis von Sieg und Niederlage am nächsten Tag noch einmal alles in der Zeitung nach). Dem nämlichen Bedürfnis folgend sammeln Radio- und Fernsehreporter schon während des Spiels, wenn noch niemand weiß, wie es ausgehen wird, Daten und Fakten abseits der Torerfolge, indem sie penibel Ballkontakte, Zweikämpfe, Freistöße usw. quantifizieren – ohne am Ende schlauer zu sein, wie ihre eingangs zitierte Frage zeigt.

Das erste dieser Nebenergebnisse, das schon in fußballerisch vorstatistischer Zeit stets festgehal-

ten und laufend aktualisiert wurde, war das Eckenverhältnis.

Ecken sind zwar keine zählbaren Erfolge (so werden nur Tore genannt), aber sie belegen Offensivdrang, Anwesenheit vor des Gegners Tor; und normalerweise (aber nicht immer) spiegelt das Ekken- das Kräfteverhältnis auf dem Feld, die Spielanteile ganz gut. Aber was nützt die drückendste Überlegenheit, wenn sie nicht in Tore umgemünzt wird; denn ein Glückstreffer, ein einziger erfolgreicher Konter kann den ganzen Spielverlauf auf den Kopf stellen.

Ecken bringen Gefahr. Beim informellen Kick auf dem Bolzplatz, wo das Tor aus zwei in die Erde gesteckten Zweigen oder abgelegten Pullovern besteht, und wo sich die Ausführung von Ecken nicht lohnt, wird die Ecke besonders hoch bewertet;

denn hier gilt die Regel: drei Ecken ein Elfmeter (oder gar: ein Tor). Soviel bringen Ecken im Ernstfallfußball, wenn es um Punkte und Siege geht, nicht ein, aber wie gefährlich sie sind, zeigt sich an den Vorkehrungen, die beim Eckball getroffen werden: Um die Ecken abzudecken und die Ecke gegebenenfalls abzuwehren, postieren sich meist noch zwei Feldspieler neben dem Torwart im Tor, an jedem Pfosten einer.

Ecken werden erst herausgeholt und dann hereingebracht. Meist wird die Ecke direkt vors Tor getreten, Varianten dazu sind die auf den kurzen oder auf den zweiten (selten: langen) Pfosten gezogenen Ecken. Eine Ecke kann aber auch kurz gespielt werden; dann gibt der ausführende Spieler den Ball zu einem unmittelbar neben ihm stehenden Mitspieler, der dann damit entweder aufs Tor

zuläuft, einen Schuß abgibt oder seinerseits vors Tor flankt.

Ökonomisch wie die Sprache des Fußball ist, hat sie nur den selteneren (wenn auch nicht seltenen) Fall der kurzgetretenen Ecke mit einem Epitheton bedacht und nennt sie ›kurze Ecke‹. Der entsprechende Gegenbegriff, also ›lange Ecke‹, ist ungebräuchlich. Was sollen Ecken schon sein, wenn sie nicht kurz sind?

Der Ausdruck ›kurze Ecke‹ kann allerdings auch in einem ganz anderen Sinn gebraucht werden, und in dieser Bedeutung, in der eine Seite des Tores gemeint ist, hat die ›kurze‹ dann auch in der ›langen Ecke‹ ihr sprachliches Gegenstück. Die lange Ecke ist die, von einem gegebenen Ort in Tornähe aus gesehen, entfernte Seite des Tores, während die nähere Seite kurze Ecke heißt. Der Ort, von dem aus sich diese Perspektive bestimmt, ist der Ort des Spielgeschehens, dort, wo der Ball ist. Wenn der Angreifer mit dem Ball am Fuß zum Beispiel von der rechten Spielfeldseite auf das Tor zustrebt, ist die rechte Torecke die kurze (und die linke also die lange). Dieser Sprachgebrauch ist insofern doppelt determiniert, als er nicht nur gerechtfertigt ist durch die Entfernung des Torpfosten, der mit der Torlinie den Ecke genannten Winkel bildet, vom Angreifer, wobei die nahe Ecke kurz genannt wird und die entfernte lang, sondern auch durch die Entfernung des Torwarts von ebendiesen Pfosten. Denn in dem Bemühen, dem anstürmenden Gegner den Einschußwinkel zu verkürzen, verläßt der Torhüter die Tormitte und kommt dem Angreifer entgegen: Die schmale Lücke zwischen dem Torwart und dem näheren Pfosten ist die kurze Ecke und die breite andere Seite die lange, auch wenn durch die Verkürzung des Winkels die Einschußmöglichkeiten etwa gleich groß sind. Wenn der Angreifer genau aus der Spielfeldmitte aufs Tor zukommt, gibt es keine kurze und keine lange Ecke, man bedient sich dann der allgemeinsprachlichen Ausdrücke ›links‹ und ›rechts‹, um die Ecken zu benennen, wenn sie denn benannt werden müssen, was natürlich nicht nötig ist, wenn der Ball überweg (sprich: überweck oder überwech) geht, übers Tor also.

Eck', nicht Ecke, oder auch Toreck wird der Winkel genannt, den Pfosten und Querlatte bilden, und zwar immer dann, wenn der Ball dort oben eingeschlagen hat: genau ins Eck (oder: ins Dreieck oder: in den Winkel). Unhaltbar.

Bleibt eine Ecke übrig. Wenn der Fußballreporter Werner Hansch in seiner süffigen Art (niemand sonst spricht so) von einem Spieler sagt: »Das ist 'ne richtige Ecke!«, dann spricht er von einem kantigen, unangenehmen, ›eckigen‹ Abwehrspieler, an dem es kaum ein Vorbeikommen gibt. (Aber Libuda hätte es natürlich doch geschafft.).

ELFMETER. Wenn der Schiedsrichter auf den Punkt, den ominösen Punkt zeigt, dann ist es passiert: Es gibt Strafstoß, Elfmeter. Der ausgestreckte

Arm des Schiedsrichters ist eine Geste, die nicht nur den spielunterbrechenden Pfiff erläutern, sondern auch die Endgültigkeit seiner Entscheidung unterstreichen soll. Denn obwohl kein Schiedsrichter der Welt, wie Fußballer in globaler Hochrechnung ihrer notwendig beschränkten Erfahrungen gern sagen, seine Elfmeterentscheidung zurücknimmt, wird er fast immer vehement von protestierenden Spielern der Mannschaft, die es trifft, bestürmt, sich anders zu besinnen; das geht bis zur Anrempelei.

Bei offensichtlichem Handspiel läßt sich wenig Vernünftiges gegen die Entscheidung vorbringen, aber oft ist zwischen Absicht und der zufälligen Berührung des Balles mit der Hand, die nicht strafbar ist, schwer zu unterscheiden; und weil nicht sein kann, was nicht sein darf, will der betroffene Spieler selbst ein Fehlverhalten, einen Regelverstoß oft nicht wahrhaben.

Erst recht umstritten sind Foulelfmeter. Und wer möchte da auch schon Richter sein, wo nicht einmal die x-te Fernseh-Wiederholung der Szene in Superzeitlupe und aus verschiedenen Perspektiven Klarheit darüber bringt, ob der Abwehrspieler nicht doch in korrektem Einsatz den Ball gespielt, ob er den in den Strafraum eingedrungenen Stürmer überhaupt berührt hat; oder ob dieser sich, weil er doch nicht mehr zum Torschuß gekommen wäre, nicht einfach in betrügerischer Absicht hat fallen lassen. Schwalbe ist der Fachausdruck für diese schauspielerische Leistung, die Simulation

eines Fouls in der Opferrolle. (Um alle schrägen Vögel des Fußballs gleich beisammen zu haben: Wenn nach einem Foul der am Boden liegende Spieler, um Zeit zu schinden, in Gebärdensprache eine pflegebedürftige Verletzung vorgibt, die er nach menschlichem Ermessen gar nicht erlitten haben kann, sagt man: er macht, er spielt den Sterbenden Schwan – so kommt auch das Ballett auf den grünen Rasen.) Wenn es dem Angreifer gelingt, einen Elfmeter herauszuholen oder auch hier: zu schinden, hat er sich geschickt fallen gelassen; wenn er's zu theatralisch gestaltet, fällt der Schiedsrichter nicht drauf rein, und zeigt ihm, wenn er Pech hat, wegen unsportlichen Verhaltens sogar die Gelbe Karte.

Die Aufregung um den Elfmeter erklärt sich daraus, daß er ein fast sicheres Tor ist. Aus nur elf Metern Entfernung, von dem mit Kreide markierten Elfmeterpunkt, der Elfmetermarke, darf ein Spieler ungehindert aufs Tor schießen. Es ist ein Duell zwischen Elfmeterschütze und Torwart, das der Torwart fast immer verliert (aber eben nur *fast* immer). Er muß den Schuß auf der Torlinie stehend erwarten, darf dem Schützen nicht entgegengehen, und alle anderen Spieler müssen den Strafraum verlassen und dürfen ihn erst in dem Moment wieder betreten, in dem der Fuß des Elfmeterschützen den Ball berührt (und sie tun es, indem sie geradezu hineinstürzen, um eventuell zur Stelle zu sein und einen abgewehrten oder von Pfosten oder Latte zurückprallenden Ball wegzuschlagen bzw. doch noch, im Nachschuß, im Tor unterzubringen). Und dann erst darf sich auch der Torwart bewegen. Wenn er's vorher tut, müßte der Strafstoß eigentlich wiederholt werden, aber in diesem Punkte nehmen's die Schiedsrichter gemeinhin nicht so genau. Und wenn der Ball im Tor ist, ist es eh wurscht.

Besondere Bedeutung bekommt der Elfmeter bei Pokal- und Turnierspielen, in denen nicht um Punkte, die auf einem Punktekonto gesammelt werden (der Kontostand bestimmt den Tabellen-, d.h. Ranglistenplatz), sondern nach dem K.o.-System gespielt wird, was bedeutet, daß eine der beiden Mannschaften aus dem Wettbewerb ausscheiden muß. Man braucht also einen Verlierer, ein Unentschieden wird nicht akzeptiert. Bei Gleichstand nach 90 Minuten, der regulären Spielzeit (gegebenenfalls auch als Ergebnis von Hin- und Rückspiel, also als Summe zweier Spiele) wird das Spiel zunächst 2 × 15 Minuten lang fortgesetzt, es geht in die Verlängerung. Wenn auch dann noch kein Sieger feststeht, kommt es zum Elfmeterschießen, dem Tiebreak des Fußballs, in dem der Elfmeter, das sei am Rande vermerkt, nur noch Elfmeter und kein Strafstoß mehr ist, weil ihm ja kein Foul vorausgeht, sondern ein Ergebnispatt. Jede Mannschaft stellt fünf Schützen, die im Wechsel versuchen, gegen den Torwart des jeweils anderen Teams ein Tor zu erzielen. Wenn auch *danach* beide Mannschaften gleich oft ins Tor getroffen haben, was gar nicht selten vorkommt, werden je fünf weitere Schützen benannt, die zum Elfmeter antreten müssen (es reißt sich keiner drum). Jetzt allerdings entscheidet schon der direkte Vergleich je zweier Elfmeterschützen, d.h. wenn z.B. der sechste Spieler, der für die eine Mannschaft zum Elfmeter antritt, das Ding reinhaut, der sechste der anderen aber vergibt, ist die Sache – endlich – beendet, und die anderen vier (je Mannschaft) brauchen nicht mehr zu schießen.

Elfmeterschießen ist reine Nervensache und gilt deswegen unter den Spielern, die 120 Minuten Spiel in den Knochen haben und ausgelaugt und müde sind, als eine Art Glücksspiel, das sich von einer Losentscheidung, wie es sie früher gab, kaum unterscheidet. Aber: Ist Nervenstärke im Erschöpfungszustand reines Glück?

Beim Elfmeterschießen schlägt die Stunde des Torwarts. Fast zwangsläufig wird er zum Helden, es sei denn, die Entscheidung fällt dadurch, daß einer der Spieler, der zur Exekution antritt (des Elfmeters, nicht des Torwarts), das Tor nicht trifft oder nur Latte oder Pfosten. Dann hat der Torwart nur Glück gehabt. Aber anders als die Schützen, die nur einmal antreten dürfen, hat der Torhüter mindestens fünfmal die Chance, das Duell zu gewinnen, und kann, wenn er nur einen Elfmeter hält, schon zum Matchwinner werden.

›Die Angst des Tormanns beim Elfmeter‹, die im Titel von Peter Handkes Erzählung angesprochen wird, gibt es übrigens gar nicht. Man weiß zwar, daß Torhüter Elfmeter manchmal parieren; aber eigentlich rechnet man immer damit, daß ein Elf-

meter ein Tor wird, daß der Torwart nichts machen kann. Man verübelt es ihm nicht, wenn er ihn nicht hält, von vornherein gewährt man ihm Dispens. Das ist die allgemeine Haltung, von der es keine Ausnahme gibt. Völlig unbelastet von Erwartungsdruck kann der Keeper den Elfer also erwarten und sich am schier Unmöglichen versuchen, indem er sich mit Herbert Achternbusch sagt: »Du hast keine Chance, aber nutze sie.« Die Angst, das große Nervenflattern, haben nicht die Tormänner, sondern die Schützen, wenigstens beim Elfmeterschießen.

FALLRÜCKZIEHER. Was sich, nicht nur, wenn man das Kompositum in seine Teile zerlegt, sondern auch im Zusammenklang, nach Rückzug, Kleinbeigeben und Widerruf anhört, ist tatsächlich eine äußerste Bemühung bis an den Rand der athletischen Möglichkeiten, eine geradezu artistische Nummer, die spektakulärste Einzelleistung, die der Fußball zu bieten hat. Der Fußballer verläßt dazu den festen Boden, er geht buchstäblich in die Luft, trotzt der gemeinen Schwerkraft und – schwebt. Für einen Moment nur. Aber in welcher Haltung!

Anders als beim Flugkopfball (der vor der Entmilitarisierung der Fußballsprache auch Kopfballtorpedo hieß), wo alles Bewegung, Dynamik und Durchschlagskraft ist, wohnt dem Fallrückzieher, der Rückenlage wegen, ein quasi kontemplati-

ves Element inne (obwohl alles blitzschnell geht). Mit dem Rücken zum heranfliegenden Ball springt der Spieler, der zum Fallrückzieher ansetzt, ab, schwebt mit ausgebreiteten Armen wie auf einem Luftkissen über dem Rasen, läßt die Schultern ein wenig herabsinken und tritt den Ball, der ihn eben überfliegt, rückwärts über den eigenen fallenden Körper hinweg.

Fast immer aufs gegnerische Tor, aber gelegentlich wird mit einem Fallrückzieher auch im eigenen Strafraum geklärt, der Ball in höchster Gefahr von der Torlinie gekratzt, wenn zum Beispiel der herausstürmende Torhüter überlupft worden ist und dem zur Rettung heraneilenden Abwehrspieler technisch gar keine andere Möglichkeit mehr bleibt, den ins Tor sich herabsenkenwollenden Ball doch noch herauszuholen und abzuwehren und seine Mannschaft vor einem Treffer zu bewahren.

Der Fallrückzieher ist eine Strafraumaktion, im Mittelfeld kommt er so gut wie nie vor. Erst wenn es um die letzten Dinge im Fußball geht, nämlich ein Tor zu erzielen oder zu verhindern, das sich anders nicht erzielen bzw. verhindern ließe, schwingt sich der Fußballer, wenn er sie denn beherrscht, zu dieser technisch anspruchvollsten Übung auf, die, wenn sie mißlingt, oft gründlich danebengeht: dann geht der Ball in die Wolken oder landet an der Eckfahne statt im Tor, oder er zappelt im eigenen Netz.

Das Verhindern von Toren fällt schnell dem Vergessen anheim, selbst wenn dabei größte Fußballkunst gezeigt wird, aber wenn Stürmern ein Fallrückziehertor gelingt... Mindestens ›Tor des Monats‹, wenn nicht ›Tor des Jahres‹. Längst sind all die Pflichtspieltore, die Uwe Seeler und Klaus Fischer im Laufe ihrer Karrieren erzielt haben, nur noch Statistikmehl, aber immer noch schweben diese Heroen des Fallrückziehers im Gedächtnis der Kenner wie schwerelos in den Lüften der Strafräume, Fischer mit geradem, Seeler mit rundem Rücken. Und werden niemals abstürzen.

FLÜGEL. Das Urbild vom Flügel, das in verschiedenen Bedeutungsvarianten in den allgemeinen Sprachgebrauch eingegangen ist (als Anspielung auf seine Form und Beweglichkeit, auf seine ›Lage‹ als Seitenstück – meist im Plural – zu einem Mittelteil, auf das Vermögen, mittels seiner Erdenschwere überwinden und sich dem Himmlischen annähern zu können, meist durch das Synonym Schwinge ausgedrückt), stammt natürlich aus der Anschauung der Avifauna. Die Fußballsprache geht mit ihrem Flügel-Begriff aber gar nicht so weit zurück, sondern bezieht sich auf ein Sekundäres;

sie hat das Wort nämlich aus der Militärsprache übernommen, in der Flügel (oder Flanke: auch im Fußball gebräuchlich) die Seitenteile einer in Front angetretenen Streitmacht bezeichnet. Und so ist es auch im Fußball: die Flügel sind die Außen der Angriffsformation, des Sturms. Genauer gesagt: sie waren's; denn den klassischen Fünf-Mann-Sturm, der beim Anpfiff wie ein zum hohen Festtag aufgeklapptes Polyptychon auf dem Feld stand, ihn gibt's nicht mehr.

Durch die Umformierung der Mannschaften (wer steht für's Seitenstück, wer für die Mitte, wenn nur noch zwei, zudem ständig rochierende Stürmer den Angriff bilden?) ist das Militärische inzwischen so weit abgesunken, daß es kaum noch erkennbar und Flügel jetzt nur noch Flurbezeichnung für die Areale an den Seiten des Spielfelds ist, über die früher die Sturmflügel ihre Angriffe vortrugen. Der Name erinnert an den alten Gebrauch des Geländes, wie es Straßennamen oft tun. Wenn heute über die Flügel, über außen gespielt wird, dann führen selten Flügelstürmer, Rechts- oder Linksaußen, den Ball: manche Mannschaft hat gar keinen mehr, und selten hat eine zwei.

Deshalb ist das Spiel von Fußballmannschaften heute oft flügellahm, was bedeutet, daß ein Team immer nur durch die Mitte angreift, es immer nur durch die Mitte versucht. Alles drängt sich dort zusammen, und es fehlt folglich an Platz. Ein Stürmer, der klug ist, und bereit, weite Wege zu gehen,

weicht jetzt auf die Flügel aus, auch wenn sein angestammter Platz im Zentrum ist; er zieht das Spiel auseinander, lockt ein, zwei Abwehrspieler heraus, reißt Lücken in die Abwehr. Und schon ergeben sich Chancen.

Das Spiel über die Flügel beflügelt ein Spiel, aber ein beflügeltes Spiel muß nicht unbedingt ein Spiel über die Flügel sein; denn bei dieser Umschreibung denkt der Fußballer nicht an Außenstürmer, nicht an Spielfeldränder, nicht einmal in erster Linie an Attacke (obwohl es natürlich schon vorwärts gehen muß), sondern an Pegasus, das geflügelte Roß, Sinnbild nicht nur beschwingter dichterischer, sondern auch fußballerischer Fantasie und Inspiration.

FORECHECKING. Das Fremd- und Lehnwort ist Sache des Fußballers nicht. Wenn man einmal vom Libero (und dem kaum noch gebräuchlichen Catenaccio, für Abwehrriegel) absieht, der nicht angelsächsischen Ursprungs ist, sind es nur einige wenige Bezeichnungen aus der Muttersprache des Fußballs, des Englischen, die ins Fußballdeutsch Eingang gefunden haben. Für Foul etwa gibt es kein adäquates deutsches Wort, auch für Dropkick nicht und den Allrounder, der auf (fast) jeder Position spielen kann. Anderes, das aufgenommen wurde und in beinahe jeder Reportage zu hören war, wird auch wieder aussortiert: Immer seltener wird der Torhüter Keeper genannt, so gut wie nie mehr trägt er einen kanariengelben Sweater (man sprach es: Swehter), sondern ein, meist ziemlich bunt bedrucktes, Trikot; und untergegangen ist auch das ›sliding tackling‹ (= Rutschangriff), das vor 20 Jahren, als der giftige Manndecker Berti Vogts sich dieser Abwehrtechnik nicht selten bediente, noch in aller Munde war; heute sagt man dazu Grätsche.

Noch nicht richtig durchgesetzt hat sich ein deutsches Wort für Forechecking, die Vorneverteidigung. Die Fußballsprache ist immer um Knappheit bemüht, und es sagt sich einfach leichter und schneller, eine Mannschaft spiele jetzt Forechekking, als, sie habe auf Vorneverteidigung umgeschaltet.

Vorne-Verteidigung also. Wiederum nur stumm, wie so oft in der Fußballsprache, ist darin die gewöhnliche Art zu verteidigen enthalten, nämlich hinten, nicht vorne, die als so selbstverständlich empfunden wird, daß sie keinen besonderen Na-

men trägt. Tatsächlich wird traditionell so Fußball gespielt, daß, wenn eine Mannschaft einen Angriff gestoppt, also den Ball erobert hat, sich die andere in die eigene Hälfte zurückzieht und dort den Gegenangriff erwartet. Man spielt hin und man spielt her, es geht rauf und runter, und energisch verteidigt wird erst vor dem eigenen Strafraum. Ballbesitz in der eigenen Hälfte bedeutet Gelegenheit zum Atemholen, zur Entspannung: Kampfpause, ehe es wieder aufgeht, eine kleine Nische der Ruhe und Beschaulichkeit.

Das Forechecking, und erst recht das Pressing (wie man seit Ernst Happel die offensive Variante dazu nennt; der Übergang ist fließend), bricht radikal mit dieser Praxis. Wer Forechecking spielt oder gar aggressives Forechecking, versucht spätestens an der Mittellinie, weit vor der eigentlichen Gefahrenzone, das Spiel des Gegners zu zerstören. Und Pressing ist der permanente Angriff, auch ohne Ballbesitz. Schon am eigenen Strafraum wird die Mannschaft, die den Ball hat, attackiert, unter Druck gesetzt, im Spielaufbau gestört, zu Fehlern gezwungen: Stürmer, die ewig Gejagten, drehen den Spieß um und scheuchen Verteidiger, versuchen, ihnen den Ball abzuluchsen. Und selbst wenn das nicht gelingt: Man provoziert auf diese Weise ungenaues Abspiel; sofort gerät der Angespielte in Bedrängnis und schlägt, selbst auch angegriffen, vielleicht den Fehlpaß. Und das Ziel ist erreicht: Ballgewinn; das Spiel läuft in die andere Richtung. Spielen kann man Forechecking und Pressing aber nur mit lauf- und konditionsstarken Spielern, die jedes Tempo gehen können, die sich nicht schonen und immer bereit sind, im Zweikampf dem Gegner den Ballbesitz streitig zu machen.

Interessanterweise wurden Forechecking und Pressing auf dem Fußballplatz nur wenige Jahre nach dem Beginn einer bedeutsamen Umstrukturierung in der Wirtschaft eingeführt, bei der Be-

triebe in sogenannte Profitcenter aufgeteilt wurden. Nischen, in die die Kosten-Nutzen-Rechnung bis dato nicht hineingereicht hatte, und die deshalb den Schwachen und Untüchtigen, aber auch den Faulen, im rauhen Klima der freien Wirtschaft einen Zufluchtsort geboten hatten, wurden bei dieser Reform, zur Verbesserung des Betriebsergebnisses, eliminiert. Ausschöpfung von Produktivitätsreserven nennt man das, und genau so ließen sich, mit einem milieufremden Vokabular, auch Forechecking und Pressing beschreiben.

Betriebswirtschaftliche Praktiken als Vorbild für den Fußball? Man fragt sich, wie sich ›Lean Production‹, die ›schlanke Produktion‹, auf den Fußball auswirken wird. Läßt sich das Produkt Fußballspiel nicht auch mit neun statt zehn Feldspielern herstellen? Ließe sich mit weniger Personal nicht sogar eine Qualitätsverbesserung erreichen: ein schöneres, für die Zuschauer attraktiveres Spiel (weil mehr Platz ist), mehr Tore? Eine andere Methode des ressourcenschonenden Produzierens, ›Just in Time‹ genannt, bei der fremdproduzierte Teile nicht mehr kostenträchtig, auf Lager, vorgehalten, sondern erst in dem Moment, in dem sie in der Produktion gebraucht werden, im Werk eintreffen – diese Methode ist im Fußball seit jeher guter Brauch: Der Ball wird erst dann vors Tor geschlagen, wenn ihn der Stürmer in der Mitte braucht, um ein Tor zu produzieren. Nur in der Feinabstimmung hapert es oft.

FOUL. Körpereinsatz ist im Fußball durchaus regelkonform, und wenn das physische Aneinandergeraten, auch kurz: der Einsatz, fehlt, wirkt ein Spiel schnell fade, und es dauert nicht lange, bis von Schonkost die Rede ist – worin sich nebenbei zeigt, daß ein Fußballspiel als eine Mahlzeit für die Seele empfunden wird (wenn es heißt, dem Spiel fehle die Würze, fehlen ihm allerdings Tore, nicht der Paprika des konsequenten Zweikampfs).

Beim Foul gerät der Mensch an den Menschen, es wird also ziemlich komplex. Die Regeln können die Beziehung, die dabei entsteht, nur dem Typus nach beschreiben, sie bedürfen folglich der Auslegung; denn nicht immer, wenn ein Spieler im Kampf um den Ball zu Fall kommt und den Kampf damit verloren hat, ist er Opfer eines Fouls. Dem Schiedsrichter bleibt oft nichts anderes übrig, als nach Gefühl zu entscheiden. Dabei kann er sich täuschen, und er wird auch getäuscht. Seine Foul-Entscheidungen sind deshalb nicht selten strittig. ›Da war nichts‹, oder ›Da war gar nichts‹ sind gängige Formulierungen, mit denen Unschuld beteuert wird. Besonders bei Fouls, die zur Kategorie der unabsichtichen Behinderung des Gegners gehören, und also ohne Böswilligkeit begangen werden, wird man schwerlich auf das Einsehen und das Einverständnis des Täters mit der Schiedsrichterentscheidung rechnen dürfen.

Ums Foul herum hat sich, der angeführten Strittigkeit der Schiedsrichterentscheidungen wegen, auf der internationalen Bühne, wo Mannschaften

und Schiedsrichter nicht der gleichen Sprachgemeinschaft entstammen, eine kleine Zeichen- und Gestensprache entwickelt, die allgemein verstanden wird, und derer sich Spieler, um ihre abweichende Meinung kundzutun oder zu unterstreichen, oft auch bedienen, wo es gar keine Sprachbarriere gibt.

Wenn der Sünder, wie ein Spieler, der ein Foul begangen hat, oft kurz und bündig und mit verzeihendem Unterton genannt wird, mit einer schnellen Bewegung beider Hände in der Luft vor seinem Brustkorb (oder auch etwas tiefer) die stereometrische Skizze einer Kugel entwirft, will er sagen: Ich habe den Ball gespielt, also kann es eigentlich kein Foul gewesen sein. Die Hand, die, mit einer gestischen Metapher aus der Welt des Wassersports, einen Kopfsprung vom Beckenrand andeutet (während die Hand abtaucht, hebt sich der Ellbogen), bedeutet übersetzt: Das war eine Schwalbe, der andere ist abgesprungen und/oder hat sich fallen lassen, ohne daß ich ihn berührt habe.

Die Gefoulten selbst, um ihrem Herzen Luft zu machen, wenn ihnen Gerechtigkeit nicht widerfährt, ahmen einfach nach, was ihnen angetan wurde: reißen sich am Trikot, demonstrieren mit kurzem Ruck den Ellenbogenschlag, der sie getroffen hat, und halten dem Schiri (kurz für Schiedsrichter) mit durchgedrücktem Knie die Schuhsohle entgegen, um ihn auf ein gestrecktes Bein aufmerksam zu machen, eines der gefährlichsten Fouls: Weil das Bein im Gelenk nicht nachgibt, wenn es den Gegner trifft (weil es ja durchgedrückt, gestreckt ist), wirkt es wie eine Ramme – Knochen können brechen, Bänder werden zerfetzt.

Der Tritt in die Beine ist ein Foul, ebenso wie das stehengelassene Bein, über das der Gegner zu Fall kommen muß. Regelwidrig ist es auch, den Gegenspieler auflaufen zu lassen, ihn zu halten, zu schieben, zu schubsen, zu drücken, zu stoßen, ihn umzureißen, ihm in die Beine zu grätschen (besonders gemein und gefährlich ist das von hinten, weil der Angegriffene die Attacke nicht kommen sieht und nicht reagieren kann – man spricht in diesem Fall, aus naheliegenden Gründen, von Blutgrätsche), beim Schuß den Fuß draufzuhalten; Sperren ohne Ball ist nicht erlaubt und Hakeln auch nicht. Läßlichere Sünden, aber gleichwohl Fouls, sind, beim Sprung zum Kopfball, das Aufstützen auf den Gegner bzw. das Unterlaufen des Gegners.

Das Foul als letztes Mittel, einen enteilenden Gegner aufzuhalten und ihn am Torschuß zu hindern, wenn der Verteidiger ausgespielt ist und keine Möglichkeit mehr hat, an den Ball zu kommen, der Angreifer allein mit dem Ball aufs Tor zuläuft oder sich eben dazu anschickt, jedenfalls schon vorbei ist (am Abwehrspieler), also eine dicke Torchance hat – dies Foul nennt man Notbremse. Ein Verteidiger tritt auf die Notbremse, er zieht die Notbremse; und den Stürmer katapultiert es in Fahrtrichtung durch die Luft. Neuerdings wird

die Notbremse, zusätzlich zum fälligen Frei- oder Strafstoß, immer auch mit der Roten Karte bestraft: Platzverweis, Dezimierung der Mannschaft.

Fouls werden von den Spielern pragmatisch als etwas Unvermeidliches hingenommen. Wenn es nicht gerade ein sogenanntes rüdes, böses oder brutales Foul war, nehmen sie es sich gegenseitig nicht einmal übel. Affekthandlungen, wie Revanchefouls, sind selten. Dafür, daß alles im Rahmen bleibt, sorgt außer den Regeln und ihrem Vollstrekker, dem Schiedsrichter, allein Sportsgeist; denn die bürgerlichen Rechte haben auf dem Fußballplatz keine Gültigkeit: Selbst Fouls, die ohne weiteres den Tatbestand der versuchten oder fahrlässigen Körperverletzung erfüllen, haben fast nie (es gab ein paar Ausnahmen) zivilrechtliche Folgen. Mehr als Frei- bzw. Strafstoß und rote Karte braucht ein Rauhbein, als Vergeltung für seine Tat, nicht zu befürchten.

Immer dann, wenn es keinen nennenswerten Vorteil einbringt, ist von überflüssigen, dummen oder unnötigen Fouls die Rede – Formulierungen, die in ein Schattenreich der Fußballsprache weisen. Mit Worten, die niemand ausspricht, wird diskret Verständnis für den Verstoß gegen das Gebot der Fairneß (ja, sogar Einverständnis mit der bösen Tat, dem gezielten Tritt zur rechten Zeit?) signalisiert. Intelligentes Foul, notwendiges Foul: heißen die Unwörter.

Nicht Fouls, sondern unsportliches Verhalten sind Schiedsrichterbeleidigung, Meckern, Zeitspiel (= Spielverzögerung, zum Beispiel durch Ballwegschlagen), die, in unbegreiflicher Disproportionalität der Sanktionen, oft drastischer bestraft werden als Entgleisungen, die die Gesundheit der Spieler gefährden. Die Dummheit, die zu solchen Strafen führt, wird, in kühner sprachlicher Kompression, der Strafe selber zugeschlagen, und Gelbe Karten, die für Meckern oder Ballwegschlagen kassiert werden, sind deshalb dumme Gelbe Karten.

GALERIE. Die Galerie existiert in der Fußballsprache nur in der Wendung ›für die Galerie spielen‹. Sie wird in einem tadelnden, ja, abfälligen Ton gebraucht für Aktionen eines Spielers, der sich nicht an der Nützlichkeit orientiert, sondern am Schau-

wert: unnütz spektakuläre Unternehmungen, die im obersten Rang (der im Theater Galerie heißt), also weit entfernt von der Bühne der Fußballaufführung, auf den billigen Plätzen, wo der Plebs sitzt oder steht, dem die Feinheiten des Spiels nicht zugänglich sind, Begeisterung auslösen, nicht aber beim Kenner. Wer für die Galerie spielt, fällt aus der Rolle, die ihm die Dramaturgie des Spiels zudiktiert, noch ehe der Trainer die Aufgaben verteilt, er übertreibt, outriert, um im Theaterjargon zu bleiben, wie zum Beispiel der Torwart, der mit einem Hecht nach dem Ball springt, an den der sachlichere Kollege mit zwei schnellen Schritten ebenso herankommt. Er fliegt immer so schön, heißt es dann herablassend. Brotlose Kunst.

Die Befriedigung individueller Eitelkeiten ist in der Mannschaftssportart Fußball streng verpönt. In der Verachtung für den Schnörkel (und die Bewunderung für das schnörkellose Spiel), für das Kabinettstückchen, das nichts einbringt, spricht sich eine verblüffende Urteilsfähigkeit aus. Feinnervig spürt der Zuschauer die innere Leere des L'art-pour-l'art-Fußballs, seine Lebens- und Weltfremdheit, seine Unwahrheit, und wendet sich ab. Simulationen machen echte Gefühle unmöglich. Und beim Fußball wollen sie echt sein, die Gefühle. Nützlichkeit, Effektivität, Mannschaftsdienlichkeit sind die Maximen, nach denen die Leistung der Spieler beurteilt wird. Wenn sie dabei Leichtigkeit und Eleganz an den Tag legen, wenn sie sogar künstlerische Inspiration und artistische Fähigkeiten erkennen oder aufblitzen lassen: um so besser. Wahre Schönheit wird offenen Herzens bejubelt.

HALBZEIT. In der Mitte der anderthalbstündigen Spielzeit wird dem Fußballer eine etwa fünfzehnminütige Pause gegönnt, die Halbzeitpause, auch kurz Halbzeit genannt, die die Halbzeit*en*, die erste von der zweiten, trennt. Die Spieler verbringen diese Zeit nicht auf dem Platz (auch bei gutem Wetter nicht), sondern ziehen sich in die Umkleideräume zurück, gehen in die Kabinen, zum Pausentee (das ist natürlich ein Archaismus, der nicht nur an gute alte Thermoskannenzeiten erinnert, son-

dern auch an die Herkunft des Fußballs aus einem Land, in dem mehr oder weniger jede Pause zur ›Teatime‹ wird oder besser wurde: auch in England sind die alten Zeiten vorbei; tatsächlich nehmen die erfrischungsbedürftigen Spieler Elektrolytgetränke zu sich – kein Wunder, daß man da sprachlich lieber beim Tee bleibt).

Eine Halbzeit (also nicht *die* Halbzeit: die Pause hat immer den bestimmten Artikel; bei den Spielzeithälften steht neben dem bestimmten Artikel immer noch eine Ordnungszahl – so ist alles fein geordnet in der Fußballsprache, und Mißverständnisse sind ausgeschlossen) dauert regulär 45 Minuten, aber verletzungsbedingte oder auch andere Unterbrechungen und Spielverzögerungen (Synonym: Zeitverzögerung) kann der Schiedsrichter nach eigenem Ermessen nachspielen lassen. Gewöhnlich sind das nicht mehr als ein, zwei Minuten, in seltenen Fällen wird auch fünf Minuten über die Zeit gespielt.

Tore, die in der Nachspielzeit der ersten Halbzeit fallen, werden in der Matchstatistik alle der 45. Minute zugerechnet; denn da die zweite Halbzeit aus Gründen der Übersichtlichkeit immer mit der 46. Minute beginnt, egal wie lange in der ersten nachgespielt wurde, könnte es andernfalls passieren, daß das 1 : 0 in der 47. Minute (noch in der ersten Halbzeit) und das 2 : 0 in der 46. Minute (gleich nach Wiederanpfiff) fiele. Und das sähe etwas merkwürdig aus. Oder?

Nach der Halbzeit kommt eine Mannschaft manchmal wie verwandelt, wie ausgewechselt aus der Kabine, obwohl sie nicht ausgewechselt, also keinen Spieler ausgetauscht hat und die gleiche Elf spielt wie zuvor. Was sich den Zuschauern bietet, ist jetzt ein völlig anderes Spiel, sei es, daß die bisher dominierende Mannschaft plötzlich zaghaft spielt und ohne Biß, und ihr nichts mehr gelingt, sei es, daß die Mannschaft, die vor der Halbzeit eine desolate Vorstellung geboten hat, jetzt frisch aufspielt und begeisternden Fußball zeigt. Es ist rätselhaft. Der unerklärliche Absturz wird mit Kopfschütteln und sprachlosem Entsetzen quittiert, es ist nicht zu fassen. Der Trainer und die Fans sind konsterniert (wie sonst nur der Torwart, wenn er ein unmögliches Ding eingefangen, ein kurioses

Tor kassiert hat, ein ganz krummes Ei), und nur der Fußballkommentator versucht, berufsbedingt, den Leistungsabfall doch irgendwie in Worte zu kleiden: ›Als hätte man ihnen ein Schlafmittel in den Tee getan‹. Keiner weiß, woran es liegt. Das ist bei einer verblüffenden, unverhofften Leistungssteigerung nach der Halbzeit anders. Alle Welt nimmt an, daß der Trainer den Umschwung bewirkt hat. (»Was hat der Trainer euch in der Kabine gesagt?« will der Reporter nach so einem Spiel von den Akteuren wissen.)

Denn der Trainer nutzt natürlich die Pause und die Abgeschiedenheit des Umkleideraums, in dem man ungeniert reden kann, um sich die Jungs, die Männer, noch mal vorzunehmen. Und je nachdem, was er für angemessen und erfolgversprechend hält, wird er laut und spricht deutliche Worte, bläst ihnen den Marsch (mit anderen Worten: es gibt ein Donnerwetter), oder er treibt Seelenmassage, richtet die geknickte Mannschaft auf: Peitsche oder Zuckerbrot.

Ein Tor, das kurz vor der Halbzeit fällt, gilt als psychologisch wichtig, besonders dann, wenn eine Mannschaft in Rückstand liegt und nun den Anschlußtreffer geschafft hat oder gar den Ausgleich. Das gibt Hoffnung für die zweite Halbzeit und Zuversicht, das Spiel noch umbiegen, das Ruder noch herumreißen oder kürzer: noch etwas reißen zu können. Und der Gegner hat in der Kabine richtig schön Zeit und Muße, sich darüber zu ärgern, daß er das vorige Zwischenergebnis, den

Vorsprung, nicht über die Runden, über die Zeit gebracht und in die Halbzeit gerettet hat.

HAND. Fußball wird naheliegenderweise hauptsächlich mit den Füßen gespielt, aber auch der Kopf kommt oft zum Einsatz, um den Ball in eine gewünschte Richtung zu befördern: ihn aufs Tor, zu einem Mitspieler, aus der Gefahrenzone zu köpfen (der Kopfstoß oder Kopfball), oder auch um einen Ball anzunehmen (abgesehen von all den kaum auszulotenden Dingen, die *im* Kopf passie-

ren; denn auch im Fußball gilt: Spiele werden im Kopf entschieden). Überhaupt erlauben es die Regeln, den Ball mit dem ganzen Körper zu spielen – mit Ausnahme der Hand, die allerdings im Fußball, anders als in der Anatomie und dem von ihr geprägten allgemeinen Verständnis, nicht am Handgelenk endet, sondern bis zum Oberarm reicht, bis dahin, wo der Arm mit dem Schultergelenk an den Rumpf anschließt. Der ganze Arm ist Hand.

›Wo's der Brauch ist, legt man Küh' ins Bett‹ kann man zu solcher Sprachregelung sagen, wie es im Motto der Kurzgeschichte ›Trethofen‹ von Heimito von Doderer heißt (die aber mit Fußball nichts zu tun hat); Rhetoriker lassen's vielleicht noch als Synekdoche oder Ausdruck pars pro toto durchgehen.

Handspiel ist also verboten und wird mit Freistoß oder (im Strafraum) mit Elfmeter und zusätzlich oft mit einer Gelben, in bestimmten Fällen auch mit einer Roten Karte bestraft. Ungeahndet bleibt lediglich die ›angeschossene Hand‹. Dieser Ausdruck bezeichnet im Fußball nicht eine Schußverletzung, sondern das unabsichtliche Handspiel, bei dem nicht die Hand zum Ball geht, um ihn zum eigenen Vorteil zu spielen (ihn aufzuhalten, abzulenken, ins oder aus dem Tor zu boxen usw.), sondern der Ball, der natürlich keine Absichten hat, gegen eine unschuldige Hand prallt.

Für den Torwart ist das Handspielverbot innerhalb des Strafraums aufgehoben, außerhalb gilt er als Feldspieler, das Verbot also auch für ihn.

Eine Ausnahme vom Handspielverbot gibt es auch für den Feldspieler: beim Einwurf nach dem Seitenaus. Dabei *darf* der Ball nicht nur, sondern er muß zwingend mit der Hand gespielt werden, sogar mit beiden Händen. Von außerhalb des Spielfelds oder auf der Linie stehend, so daß das Handspielverbot auf dem Feld in gewisser Weise doch gewahrt bleibt, muß der Spieler in einem bis ins Detail reglementierten Bewegungsablauf den Ball ins Spiel werfen. Der Wurf wird angesetzt, indem die Hände den Ball in parallelem Armzug über den Kopf hinwegführen. Anlauf ist erlaubt, aber im Moment des Wurfs müssen beide Beine Bodenberührung haben. Hält der einwerfende Spieler sich nicht an diese Vorschriften, gibt der

Schiedsrichter ›falschen Einwurf‹, und der Ballbesitz wechselt zum Gegner. Auch für diese Spielsituation hat heute fast jede Mannschaft einen Spezialisten, der den Ball über dreißig Meter und mehr weit werfen kann, so daß ein Einwurf auf Strafraumhöhe zu einem Angriffsball wird, der wie eine Flanke oder ein Eckball vors Tor geflogen kommt.

Übrigens: Beim Einwurf ist die Abseitsregel aufgehoben.

KOPFBALL. Das Wichtigste beim Kopfball ist: Der Kopf muß zum Ball gehen, ein kurzer kräftiger Ruck genügt schon. Wenn's umgekehrt ist und der Ball den, passiven, Kopf trifft, hat der Kopfballschütze, wenn man ihn denn noch so nennen kann, erstens keine Kontrolle über den Ball (will sagen: der Ball

geht irgendwohin) und zweitens hinterher möglicherweise Kopfweh, wenn er Pech hat, sogar eine Gehirnerschütterung.

Wenn kein Gegner in der Nähe ist, bleibt der Spieler beim Kopfstoß auf dem Boden, öfter aber wird der Ball im Sprung geköpft, was naheliegt, da Kopfbälle naturgemäß bei hohen Bällen gespielt werden, denen die Spieler, im Bemühen, als erste an den Ball zu kommen, entgegenspringen, so gut und hoch sie können. Es kommt also beim Kopfballspiel auf ein gutes Sprungvermögen an, und, wie beim Fallrückzieher, auf ein gutes Gefühl für Tempo und Flugbahn des Balles, die intuitiv richtig erfaßt werden müssen. Wer zu früh abspringt, ist schon wieder im Fallen begriffen, wenn der Ball ihn erreicht; wer zu spät springt, noch im Aufsteigen; auf jeden Fall erwischt er den Ball nicht richtig, kommt nicht richtig hinter den Ball und kann ihn deswegen nicht drücken, nicht plazieren.

Die besten Kopfballspieler, von denen man gerne sagt, daß sie sich hochschrauben (statt hochzuspringen), verfügen über die staunenswerte Fähigkeit, beim Sprung einen Moment lang auf dem höchsten Punkt in der Luft zu verharren, zu stehen, ehe sie wieder herunterfallen. Sie haben dort oben einen Sekundenbruchteil mehr Zeit als andere, sich die Ecke auszusuchen, in die der Ball gehen soll, und ihn genau zu treffen; und das reicht aus, um sie über die anderen hinauszuheben.

Ohne Bodenberührung ist der Spieler auch beim

eingesprungenen Flugkopfball, der aber immer mit einer Ganzkörperbodenberührung endet, einem Bauchklatscher nämlich (nicht das Unwichtigste beim Fußball: gut fallen zu können). Vorher liegt der Flugkopfballschütze mehr oder weniger waagerecht in der Luft. Er legt sein ganzes, mit Anlauf und Sprung vorwärtsgeschnelltes Körpergewicht in den Kopfstoß, der deshalb hart und scharf ist wie ein Schuß. Gut geeignet für diese Art von Kopfball sind insbesondere große, schwere, physisch starke Spieler, Brecher genannt, die sich im Strafraum durchsetzen, Bahn brechen können, wo für einen leichteren, weniger wuchtigen Spielertypus kein Durchkommen ist.

Ein besonders feinfühliger Kopfball ist dagegen der Wischer, bei dem der Ball nur eben touchiert und in ganz stumpfem Winkel aus der Bahn gelenkt wird. Im Idealfall schlägt der Wischer knapp neben dem Pfosten im langen Eck ein, und der Torwart muß machtlos zusehen; denn er hatte sich gerade auf den Weg in die kurze Ecke gemacht. Aber so ein Tor muß man erst mal machen! Wenn es dagegen einfach ist, einen Kopfball im Tor unterzubringen, heißt es: er braucht nur noch einzunicken.

Gewöhnlich wird der Ball beim Kopfstoß mit der Stirn gespielt, aber bei einer Kopfballverlängerung, nach einer Ecke zum Beispiel kann auch das Schädeldach den Ball weiterleiten. Selbst Hinterkopfballtore gibt's; dabei spielt aber wohl der glückliche Zufall eine mindestens ebenso große Rolle wie das Geschick des Kopfballschützen.

Kopfballstaffette nennt man eine Reihe von Kopfbällen, die direkt hintereinander gespielt werden. Und wie es Abwehr-, Auswärts-, Heim-, Schuß-, Spiel- und Zweikampfstärke gibt (und manche Torhüter sind stark auf der Linie, ohne daß man aber deshalb von Linienstärke spräche), gibt es auch Kopfballstärke. Sie sichert die Lufthoheit.

MAUER. Wann immer der Schiedsrichter in der Nähe des Strafraums, also in einer Torentfernung von etwa zwanzig bis dreißig Metern, auf Freistoß erkennt, bilden die Spieler der abwehrenden Mannschaft zwischen Ball und Tor mit ihren Leibern eine lebende Wand, die Mauer genannt wird.

Schulter an Schulter stehen mindestens zwei, oft aber auch fünf, sechs Spieler nebeneinander und verstellen den direkten Weg (des Balles) zum Tor.

Die Entfernung vom Ball gibt die Regel vor (9,15 Meter), ›stellen‹, d. h. seitlich ausrichten, muß die Mauer der Torwart. Dazu visiert er nach Geodätenart haarscharf am Pfosten vorbei den Ball an und dirigiert die Mauer entsprechend in Position. Eine gutstehende Mauer deckt die eine Torhälfte ab, in der anderen, offenen Hälfte, die man dem Gegner quasi anbietet, postiert sich der Torwart und erwartet auf der Linie kauernd den Freistoß.

Aber auch im Fußball hat alles zwei Seiten, und so hat gerade das Bollwerk ›Mauer‹, das den geraden Schuß aufs Tor unmöglich macht, zu einer unglaublichen Kunstfertigkeit und Treffgenauigkeit der Freistoßspezialisten geführt. Man fragt sich, wieviele Tore eigentlich fielen, wenn die Mauer eines Tages fallen, sprich verboten werden sollte. Jeder Freistoß vor dem Tor ein Treffer? Oder würden, wenn das Hindernis wegfiele, das sie zu Kunstschüssen zwingt, die Fähigkeiten der Schützen wieder verkümmern?

Wenn die Vermessungsarbeit des Torwarts ungenau war oder die Mitspieler, die die Mauer stellen, seinen Direktiven nicht gefolgt sind, und die Mauer schlecht steht, bleibt ein Teil des Tores ungedeckt; statt dessen verdeckt sie dem Torwart möglicherweise die Sicht, so daß er den Ball nach dem Schuß viel zu spät sieht und nicht mehr reagieren kann. Bei einem plazierten Schuß folglich: Tor.

Die Mauer ist ein Abwehrinstrument, das nur bei ruhendem Spiel eingesetzt werden kann, wenn die Spielunterbrechung, die der Freistoßpfiff des

Schiedsrichters herbeigeführt hat, den Spielern genug Zeit läßt, sich in der beschriebenen Weise aufzubauen.

Bei laufendem Spiel spricht man metaphorisch von ›mauern‹, wenn eine Mannschaft defensiv eingestellt ist, mit allen Feldspielern um den eigenen Strafraum herum einen Abwehrriegel oder -block, eine dichte Abwehrkette bildet, sich nur hinten reinstellt und die Bälle herausschlägt, aber nichts für das Spiel nach vorne tut. Zu Null spielen, ein Tor verhindern, ist das einzige Ziel. Sie macht den Laden oder hinten oder den Laden hinten dicht, verteidigt mit allem, was sie hat, mit Mann und Maus, und die Angreifer rennen sich ein ums andere Mal, immer wieder, fest. Erst wenn der Gegner die Abwehr doch einmal knacken, aushebeln kann (mit der Brechstange, die eigentlich aber nicht als erfolgversprechendes Mittel gilt), wenn er sie überlistet oder überwindet und ihm das erlösende Tor gelingt, muß die Mauerelf, die Maurertruppe aufmachen und herauskommen (und entblößt dabei vielleicht sogar die Abwehr). Und dann sind endlich auch die Räume da.

MITTELFELD. Das gliedernde Element im Bild, das der Fußballer sich von seiner Wirkungsstätte, dem Spielfeld, macht, und das seine Sprache bestimmt, ist die Gefahr, die dem Tor droht. Am gefährlichsten ist es in unmittelbarer Tornähe, im Strafraum, über dem eigentlich permanent, fein

verteilt wie Elektrizität in einem elektrostatischen Feld, Gefahr liegt.

Ein wenig weiter entfernt vom Tor folgt die ›zweite Reihe‹, ein Übergangsbereich ohne genau definierte Grenzen, in dem Torgefahr ohne Vorwarnung entsteht, wenn ein Spieler sich plötzlich zu einem ›Schuß aus der zweiten Reihe‹ entschließt (und nur dieser eine Ausdruck weist die zweite Reihe als einen gesonderten Bezirk des Spielfelds aus). Ein Torschuß aus einer Entfernung von gewöhnlich 20 bis 30 Metern wird aber nur dann zum ›Schuß aus der zweiten Reihe‹, wenn bei laufendem Spiel (also nicht bei einem Freistoß) gegnerische und eigene Spieler dem Tor näher sind als der zu seinem Distanzschuß ansetzende Schütze, und auf diese Weise eine, unbenannt bleibende, ›erste Reihe‹ bilden (wobei die Spieler aber

nicht, um dem, wie gesagt stummen, Begriff rein zu entsprechen, exakt in einer Linie nebeneinanderstehen, sondern eher als ein breiter Gürtel den Strafraum bevölkern).

Nach dieser etwas undeutlichen ›zweiten Reihe‹, aus der gelegentlich Gefahr aufzuckt wie ein Blitz aus heiterem Himmel, kommt das elektrisch neutrale Mittelfeld (nur der Gedankenblitz ist hier zu Hause), aus dem heraus selten Tore erzielt werden.

Das Mittelfeld ist die Zone des Spielaufbaus, hier werden Angriffe inszeniert. Es gibt im Fußball zwar auch Abwehrstrategen, aber das eigentliche Feld der Strategie, in dem Spielintelligenz sich zeigen und verwirklichen kann, ist das Mittelfeld, wo der Spielmacher regiert und die Fäden zieht oder seine Kreise (und sich als Anspielstation unentbehrlich macht).

Feldvorteile werden im Mittelfeld erspielt, hier wird die Feldüberlegenheit errungen, werden Spiele entschieden. Wenn das Spiel gut läuft, wird das Mittelfeld schnell überbrückt, dann klappt das Spiel aus der Abwehr heraus und aus dem Mittelfeld kommen Impulse, werden die Spitzen mit steilen, langen oder öffnenden Pässen bedient, gefüttert, in Szene gesetzt.

Und wenn das schnelle Spiel nach vorne nicht gelingt? Im günstigsten Fall haben wir es dann mit einem langsamen, bedächtigen, geordneten Spielaufbau zu tun. Aber wie schnell wird daraus nicht ein Kleinklein, ein Hickhack, ein Gewürge, eine Fehlpaßorgie, kurz ein zerfahrenes Spiel. Man kann dann nur hoffen, daß die Mannschaften über den Kampf zum Spiel finden.

Am schlimmsten aber, und nicht zum Hinsehen, ist Standfußball, wenn sich die Spieler den Ball im Mittelfeld gegenseitig zuschieben. Das Sprachbild vom Ballgeschiebe beschreibt das ganze Tädium eines Spiels, das längst zum Erliegen gekommen ist. Nicht in vorwärtsdrängender Aktion wird der Ball übers Feld getrieben, sondern verlegen an den Kollegen weitergegeben. Es ist, als hätte der Ball seine Fähigkeit, zu rollen, zu springen und zu fliegen, eingebüßt; träge bleibt er liegen, wo er gerade ist, und läßt sich nur mit Mühe fortbewegen: schiebend eben. Grausam.

PASS. Paß heißt die Weitergabe des Balles an den Mitspieler, das Zuspiel, die Abgabe, die Vorlage. Der Paß ist kein Schuß. Man sagt nicht: Matthäus

schießt zu Bein (tat er ja sowieso nicht), sondern: er spielt zu oder gibt zu Effenberg. Der Schuß ist final, wer schießt, will treffen; der Paß ist ein Medium, er trifft nicht, sondern kommt an. Wenn nicht, heißt er Fehlpaß. Pässe gibt es in alle Richtungen, nach hinten den Rückpaß, nach vorne den Steilpaß, in die Breite den Querpaß. Und wenn mit all diesen Pässen der Mitspieler nicht zu erreichen ist, hilft vielleicht der Diagonalpaß (wenn er nicht ein Paß ins Leere wird). Wichtig für den kontrollierten Spielaufbau ist ein gekonntes Kurzpaßspiel, für das sich besonders der Flachpaß eignet. Raumgewinn bringen lange Pässe, die aber nie Langpaß heißen; ebensowenig wie man von Hochpaß spricht, aber auch nicht von hohen Pässen, sondern von hohem An- oder Zuspiel. Wenn alles paßt, wird ein verwirrendes Kombinationsspiel aufgezogen; man läßt Ball und Gegner laufen, und die Tore fallen ganz von selbst.

(Übrigens: Wenn das Spiel verflacht, heißt das nicht, daß die Mannschaften den Ball flach halten, sondern daß es der Auseinandersetzung, dem Treffen an Höhepunkten mangelt und die Fieberkurve des Spiels nicht mehr dem zackigen Profil eines Gebirgszuges gleicht, sondern der flachen Horizontlinie einer Tiefebene: keine mitreißenden Spiel- oder packenden Torraumszenen mehr, das Spiel erreicht niedriges Niveau.)

Wenn vor dem Tor die Räume eng werden und es kein Durchkommen gibt, ist der Doppelpaß ein probates Mittel, die Abwehr auszuspielen. Nur schnell muß es gehen, und das Zuspiel muß präzise kommen. Und so funktioniert der Doppelpaß: Der ballführende Angreifer A sieht sich einer dicht gestaffelten Abwehr und unmittelbar dem Verteidiger Z gegenüber. Ein Dribbling verspricht wenig

Erfolg. Also paßt er kurz quer oder diagonal zu Angreifer B und läuft an Z vorbei (der ihn nicht angreift, weil A den Ball nicht mehr hat) in den freien Raum. B spielt sofort im Direktpaß auf den weitergeeilten A zurück, läßt den Ball praktisch nur an sich ab- und zu seinem Mitspieler zurückprallen. Durch den Winkelzug ist Z umspielt und hat das Nachsehen. Wenn kein anderer Verteidiger dazwischenfährt, steht einem Torschuß nichts mehr im Wege.

Der Doppelpaß ist ein eleganter Spielzug, körperloses Spiel in fließender Bewegung: höchste Spielkultur.

Raum. Der Raum ist im Fußball ein weites Feld und wird, wenn man ihn auf den Begriff bringen will, noch viel weiter durch einen eigentümlichen Gebrauch des Plurals, zum Beispiel in der Wendung ›die Räume eng machen‹, der nicht einfach eine Mehrzahl bedeutet, sondern einen anderen Raum meint als den, von dem beim ›freien Raum‹ die Rede ist. Und noch verwirrender wird alles dadurch, daß das, was mit ›Räumen‹ bezeichnet ist, bedeutungsgleich auch mit dem abstrakten Singular ausgedrückt wird, also mit ›Raum‹, während der andere ›Raum‹ nicht in den Plural gesetzt wird, es sei denn eine Vielzahl käme zur Sprache. Oh je.

Ein paar Leitlinien in die Raumfluchten des Fußballs: Räume, die eng gemacht werden, damit der Gegner nicht zur Entfaltung kommt, sein Spiel

nicht entwickeln und aufziehen kann und sich keine Torgelegenheiten ergeben, oder Freiräume, die genutzt werden, sind individuelle Spielräume beim Angriff auf das Tor des Gegners (zur Abwehrarbeit gibt es keine Räume, nur Raum). In das Bild von den Spielräumen spielen Zeitvorstellungen mit hinein; denn es ist nicht nur der Platz, der dem Stürmer fehlt, wenn die Räume (oder abstrakt: der Raum) eng gemacht werden, sondern auch der Zeitraum, die Zeit, den Ball anzunehmen, zu schauen, wo der Mitspieler, wo der Gegner steht, und ob sich eine Lücke auftut.

Wenn dagegen von Raumgewinn die Rede ist (oft negativ: kein Meter Raumgewinn, wenn das Angriffsspiel nicht funktioniert und im Mittelfeld steckenbleibt), oder vom freien Raum, geht es nicht um den persönlichen Spielraum, sondern um

den Raum als Spielfeld (auch ›Raumdeckung‹ ist eine Wortbildung in diesem Sinne). Der freie Raum (nie: die freien Räume), in den ein Ball gespielt wird, ebenso wie der freie Raum, in den ein Stürmer hineinstößt (wenn das im Laufe des Spiels aber immer wieder geschieht, wird in der zusammenfassenden Beschreibung auch der Plural benutzt), ist ein Stück Spielfeld, das momentan kein Abwehrspieler verteidigt (aber natürlich hetzt gleich einer hinterher), freies Feld also, in dem das Individuelle sich auflöst wie vor allen großen Landschaften: Die Räume verschwinden im Raum.

Noch ein anderer Raum war gemeint, wenn es früher hieß (und vielleicht eines Tages, mit anderem Namen, wieder heißen wird: man wartet immer): Netzer kam aus der Tiefe des Raums (nie: aus der Tiefe der Räume). Wenn er mit langen, raumgreifenden Schritten den Ball aus dem Rückraum nach vorne trieb, geschah nämlich ein Zauber, und das, was er hinter sich ließ, verwandelte sich in einen poetischen Raum, aus dem er gleichsam emanierte. Ein ›Jenseits im Diesseits‹, um noch einmal Doderer zu zitieren, wurde auf dem Fußballplatz ahnbar. Aus einer anderen Dimension stieg Netzer in die drei gewöhnlichen der Fußballwelt herab.

Kein größerer Gegensatz zum transzendenten Netzerschen Tiefenraum läßt sich denken als der verdichtete Raum des Strafraums, in dem es ganz unpoetisch zur Sache geht. Wenn von einem Stürmer gesagt wird, er ginge dahin, wo's weh tut, ist damit zwar eigentlich gemeint, daß er keinen Zweikampf scheut und sich schindet und bis zum Umfallen rackert, aber man darf dabei ruhig an den Strafraum denken.

Der Strafraum ist ein mit Kreidestrichen auf dem Rasen markiertes Rechteck vor dem Tor, auch Sechzehn-Meter-Raum oder Sechzehner genannt, weil seine Begrenzungslinie 16 Meter von der Torauslinie entfernt ist. Die Strafe trägt dieser Raum im Namen, weil innerhalb seiner Grenzen bei Foul oder Handspiel der abwehrenden Mannschaft nicht ein Frei-, sondern Strafstoß fällig wird, der Elfmeter, vulgo Elfer (sprich: Elwer).

Und ganz dicht am Tor gibt es noch ein zweites abgegrenztes Rasenrechteck, den Fünfmeter- oder Torraum, in dem der Torhüter besonderen Schutz genießt. Jede Behinderung wird hier mit Freistoß bestraft.

SCHUSS. Der Fuß des Fußballers hat, wie ein Würfel, sechs Seiten, und mit vieren davon wird geschossen (und auch gepaßt): mit Pieke, d. i. die Fuß- oder genauer: Schuhspitze, mit Innen- und Außenrist, und mit Spann oder Vollspann, der Fußoberseite. Mit der Sohle wird der Ball nur gestoppt (aber auch das eher selten), legt man ihn sich vor, streicht der Angreifer beim Dribbling manchmal gefühlvoll über den Ball, rollt ihn gedankenschnell ein wenig nach links oder rechts oder auch zurück, und entzieht ihn so dem ungestümen Tritt des Verteidigers, der haarscharf danebensäbelt. Auch wenn der Ball mit der Hacke gespielt wird, spricht man nicht von Schuß (der Hackenschuß hat mit Fußball gar nichts zu tun), weil mit dem Begriff Schuß die Vorstellung ciner gewissen Wucht ver-

bunden ist, die der Schuß, der absichtlich nach hinten losgeht, aus anatomischen Gründen nicht entwickeln kann. Geschossen wird mit der Hacke also nicht, aber trotzdem manchmal getroffen. Aus kurzer Distanz natürlich nur, und der Schütze muß technisch schon ziemlich versiert sein (und geistesgegenwärtig und kaltschnäuzig dazu), um den Ball mit der Hacke ins Tor zu drücken (meist wird er dabei nicht eigentlich rück-, sondern seitwärts gespielt). Hackentore sind äußerst selten und gehören zum Raffiniertesten, was Fußball zu bieten hat. Entsprechend werden sie bestaunt und sprachlich zugerichtet: Der Spieler habe den Ball mit der Hacke ins Tor gezaubert, sagt man gern (und schnalzt dazu mit der Zunge), und rückt das Spiel mit der Hacke auch dadurch in die Nähe von Magier- und Gauklerkünsten, daß man es gewöhnlich Hackentrick nennt, eine Nummer aus der Trickkiste (für den Duden ist der Hackentrick ein Täuschungsmanöver –: na ja ...).

Doch zurück zum Schuß. Bei den meisten Schüssen hat der Spieler den Ball unter Kontrolle, ehe er schießt. Wenn er schon im Ballbesitz ist, legt er ihn sich vor; wenn er angespielt wird, nimmt er ihn an, stoppt ihn, unterbricht also die Flug- oder Rollbewegung des Balles (zum Zwecke der Zähmung). Der Ball ruht zwar nicht, aber technisch unterscheidet sich dieser Schuß, der als der Normalfall keinen besonderen Namen hat, nicht groß von einem Eck-, Frei- oder Strafstoß.

Ganz anders der Dropkick und der Volley, bei

denen der Ball nicht erst an-, sondern direkt genommen wird, mit dem Unterschied, daß er beim Dropkick vorher noch mal aufprallt und erst im Moment des Abspringens getroffen wird (die ganze Beschleunigung des Abprallens wird in den Schuß umgesetzt, Dropkicks sind deshalb extrem schnelle Bälle, richtige Knaller), während beim Volley, auch Direktabnahme genannt, der Ball aus der Luft, im Flug, volley eben, genommen und aufs Tor gedroschen wird. Man muß den Ball dabei schon sehr präzise treffen, wenn man selbst treffen will, das Tor nämlich. Ein Volley bedeutet im Fußball immer volles Risiko, volle Kante, Alles-oder-Nichts; denn Ungenauigkeiten, die auf dem Fuß ein, zwei Millimeter ausmachen mögen, potenzieren sich auf dem Weg in Richtung Tor so gewaltig, daß der Ball nicht einmal in die Nähe des Tores kommt, sondern in die Kurve oder die Wolken geht (ist ihm über den Schlappen gerutscht, sagt man dann, nachsichtig, voller Anerkennung für die Risikobereitschaft). Aber wenn der Volley sitzt, wenn er trifft... Meine Herren! Dann schlägt es wirklich ein wie der Blitz. Peng! Nur mit einem Reflex, einer automatischen Reaktion aus dem Unterbewußtsein, hat der Torwart dann eine Chance, den Ball abzuwehren. (Direkt gespielte Pässe sind keine Volleys, sondern Direktspiel.)

Ein strammer, harter (Komparativ: knallharter), wuchtiger Schuß ist ein Hammer, ein Pfund, ein Kracher (Bombe und Granate sind verschrottet, allenfalls findet sich noch mal ein Blindgänger), ist

ein Schuß wie ein Strich; und Spieler, die so schießen können, haben einen gehörigen Bumms, einen Mordsbumms, eine ordentliche Klebe. Sie halten drauf, drücken oder ziehen ab. Hungrige Torjäger legen ihr Verlangen in satte Schüsse, und mit trockenen Schüssen aus dem Fußgelenk werden Gegner bei Gelegenheit richtig naßgemacht. Ein weich getretener Ball mit Schnitt ist ein Schlenzer, und wenn seine Flugbahn eine gewisse Höhe erreicht, wird daraus ein Heber, ein Lupfer, ein Lob, eine Bogenlampe. Bei Kunstschüssen wird der Ball mit Gefühl in den Winkel gezirkelt, bei Gewaltschüssen ohne geometrisches Besteck einfach nur draufgehauen. Mit Verzweifelungsschüssen stemmt sich die eine Mannschaft gegen das Unglück einer drohenden Niederlage, und die andere findet unverhofft mit einem Sonntagsschuß am Samstag (oder Mittwoch, oder Freitag) ihr Glück.

Spielmacher. Seine Mitspieler suchen ihn (mit ihren Pässen), und er ist leicht zu finden: im leichten Trab durchmißt der Spielmacher sein Revier, das Mittelfeld, immer anspielbereit, immer bereit, ins Spiel einzugreifen. Wie mit magnetischen Kräften zieht er das Spiel an sich, um es zu formen, zu gestalten, ihm seinen Stempel aufzudrücken. Nach Gutdünken verteilt er die Bälle, setzt er, als Einsatzleiter, seine Nebenleute ein. Er ordnet das Spiel, baut es auf, gibt ihm Linie, setzt die Akzente; er kann es schnell machen und energisch den Angriff ankurbeln (damit er in Schwung kommt), aber auch das Tempo oder die Hektik herausnehmen, den Ball auch mal halten, wenn's nötig ist, und Ruhe ins Spiel bringen. Er ist der Lenker und Denker, der unumschränkte Herrscher im Mittelfeld. Er ist der Regisseur, der das Spiel und Angriffe inszeniert und seine Mitspieler in Szene setzt; und der Dirigent, der den Taktstock schwingt; aber er spielt auch selbst groß auf, bietet hinreißende Vorstellungen und haut auch mal auf die Pauke.

Wenn der Spielmacher keinen guten Tag hat, wenn er indisponiert ist, wenn es dem Gegner gelingt, ihn auszuschalten, seine Kreise zu stören, ihn zuzudecken, so daß man wenig von ihm sieht, wenn das Spiel an ihm vorbeiläuft, dann findet die ganze Mannschaft nicht zu ihrem Spiel, sondern sucht und sucht es, und versucht dabei alles, aber heraus kommt nur Krampf. Nichts Zwingendes jedenfalls. Ein führungsloser Haufen, dem die ordnende Hand fehlt.

Andere exzellieren im Kopfballspiel, im Zweikampf, sind laufstark oder trickreich oder haben einen gewaltigen Schuß. Was den Spielmacher auszeichnet, ist etwas Geistiges, er hat Ideen. Und wie teilt er den Mitspielern seine Eingebungen mit? Die Sprache des Spielmachers ist der Paß. Alle seine Ideen werden zu Pässen, seine Ideen *sind* Pässe (und umgekehrt). Mit Pässen entwirft er Spielzüge, schmiedet er Angriffspläne, entwickelt er seine Fußballphilosophie, legt er sein Spiel- und Weltverständnis, sein Weltbild dar.

Natürlich ist auch viel Prosa dabei, Querpässe, die jeder Ausputzer spielen kann; aber das gehört dazu, Small talk sozusagen, um das Gespräch, das Spiel in Fluß zu halten. Aber während seine Mitspieler in dieser Form der Unterhaltung ihr Genüge finden und ihnen nichts mangelt, sucht der Spielmacher aus innerer Notwendigkeit, aus einem Drang, der ihm Natur ist, nach einer anderen, einer höheren Ausdrucksform, nach der Formulierung, die die komplexe Wirklichkeit im Kern erfaßt, sie plötzlich und überraschend aufschließt und in einem neuen Lichte zeigt.

Das Dichterwort des Spielmacher-Poeten ist der Traumpaß, das geniale Zuspiel, das den Mitspieler findet man-weiß-nicht-wie (der Spielmacher kann Bälle lancieren, wie zwielichtigere Gestalten Gerüchte oder Protegés), das den Nebenmann überhaupt erst freispielt, also Möglichkeiten nicht nutzt, sondern selber schafft. Zu Recht sagt man von ihm: Er zaubert (und verzaubert). Im Traum-

paß findet er seine ureigene Sprache, spricht er sich ganz aus (und bringt eine Schönheit hervor, die noch nicht war – wie es Stephen Dedalus im ›Ulysses‹ vom Künstler fordert).

Der Spielmacher ist immer ein guter Techniker, mit viel Gefühl im Fuß, der sein Zuspiel, seine Vorlagen genau timen kann, ob es der lange Ball ist oder der kurze Paß in die Tiefe, der Eckbälle hereindrehen und Freistöße um die Mauer herumziehen kann. Aber es sind nicht diese technischen Fertigkeiten, die ihn zu der Lichtgestalt machen, die er ist (obwohl er ohne sie nicht sein könnte, was er ist). Was den Spielmacher der Alltagswelt des Fußballs entrückt, ihn heraushebt, ist die geheimnisvolle Gabe der Intuition, eines Ahnungsvermögens, das ihn empfänglich macht für Verborgenes, für Möglichkeiten, die sonst niemand sieht (er teilt dies Talent mit dem Stürmer, der einen Torriecher hat). Er scheint im Bunde mit den Göttern (wenigstens den Fußballgöttern), wenn er die Pässe schlägt, die die Massen verzücken.

Und trotz solcher Protektion von höchster Stelle sieht es nicht gut aus um den Spielmacher. Immer schneller und athletischer ist das Spiel geworden, robuste Typen sind gefragt, die sich im Zweikampf behaupten können und sich nicht den Schneid abkaufen lassen, wenn sie hart attackiert werden. Kämpfernaturen sind Spielmacher aber gerade nicht, sie gelten, im Gegenteil, oft als ein bißchen weich, sogar als wehleidig. Wenn man ihnen den Platz nicht läßt, den sie brauchen, um ihr Spiel aufzuziehen und zu zelebrieren, verblaßt ihr Stern, ziehen sich die Götter zurück. Stirbt der Spielmacher also aus? Den Wasserträger gibt es ja auch schon nicht mehr. Das war der Helfer, der die Last des Spiels trug, der dem Spielmacher die ungeliebte Lauf- und Deckungsarbeit abnahm (sich dabei förmlich die Füße rund lief) und der dem Chef den Rücken freihielt, damit dieser die nötige Muße fand für seine peripatetischen Inspirationen. Vorbei, vorbei. Heute muß jeder auch selber Drecksarbeit verrichten, sonst fliegt er aus der Mannschaft. Das Wunderbare kann sehen, wo es bleibt. So sind die Zeiten: hart, aber modern.

STANDARDSITUATION. Standardsituationen heißen nicht so, weil dabei ein gewisser Standard (= Niveau) erreicht wird, sondern weil sie sich nach einem festen Schema fast ohne Variation wiederholen. Namenspate ist also die Standardisierung. Nun wiederholt sich während eines Fußballspiels natürlich manches. Zum Beispiel werden immer wieder Doppelpässe gespielt, Bälle vors Tor geflankt, Spieler die Linie entlang geschickt, ja, eigentlich besteht jedes Fußballspiel aus lauter Wiederholungen einer überschaubaren Anzahl von Spielzügen, die sich mehr oder weniger gleichen, ohne daß man deshalb von Standardsituationen sprechen würde. Zwei Bedingungen müssen erfüllt werden, ehe es zu einer Standardsituation kommt.

Erstens muß eine Spielunterbrechung vorausgegangen sein, was bedeutet, daß, ehe das Spiel fortgesetzt wird, der Ball ruhen muß, und daß, abhängig von den Umständen, die zur Unterbrechung geführt haben, einer Mannschaft der Ballbesitz zusteht, während die andere, wenn der ruhende Ball zur Fortsetzung des Spiels angestoßen wird, einen gewissen Abstand zum Ball einhalten muß (nach der Regel 9,15 Meter, in der Praxis sind es oft weniger).

Die zweite Bedingung, die aus einer Spiel- eine Standardsituation macht, ist die Nähe zum gegnerischen Tor und folglich eine greifbare Gefahr für dieses Tor. (Bei einem Freistoß nach einer Abseitsstellung, also aus der eigenen Hälfte heraus, ruht der Ball zwar auch, und der Gegner muß bei der Ausführung den vorgeschriebenen Abstand einhalten, aber niemand nennt solch einen Freistoß eine Standardsituation, einfach weil das Element der Torgefährlichkeit fehlt.)

Es gibt neben der Ecke (kurz für Eckstoß = Eckball) eigentlich nur eine andere Situation, die Standardsituation genannt wird, nämlich den Freistoß in Tornähe des Gegners.

Das Entscheidende an der Standardsituation ist tatsächlich der Abstand, den der Gegner zum Ball einhalten muß, weil dies der ballbesitzenden Mannschaft Möglichkeiten eröffnet, die sich sonst im, bewegten, Spiel fast nie bieten, nämlich den Ball völlig unbedrängt und außerdem nach einem im voraus gefaßten Plan zu spielen, in den die eigenen Mitspieler eingeweiht sind und dessen Ausführung im Training geübt worden ist, den der Gegner aber eben nicht kennt.

Wenn es zu einer Standardsituation kommt, schlägt die Stunde der Spezialisten (oft identisch mit den Technikern), die über die Fähigkeit verfügen, den Ball zugleich scharf und präzise an eine bestimmte gewünschte Stelle zu schlagen: sei es über die Mauer (oder um die Mauer herum, oder hart und gerade an ihr vorbei, oder durch eine Lücke hindurch) in den Torwinkel oder die Torecke, die der Torhüter nicht erreichen kann; sei es auf einen gedachten Punkt im Raum, an dem im selben Moment, der Absprache gemäß, ein Mitspieler auftaucht und den Ball entweder direkt aufs Tor schießt oder köpft, oder ihn zu einem zweiten Mitspieler verlängert, der dann seinerseits versucht, den Ball im Tor unterzubringen.

Wie immer im Leben sind es auch im Fußball die besonders eng gesetzten Grenzen, die die fantasievollsten Lösungen hervorbringen. Die überraschende Variante, mit der keiner gerechnet hat, gehört deshalb ebenso untrennbar zur Standardsituation wie die gedankenschnelle Ausführung. Die gegnerischen Spieler sollen möglichst wenig Gelegenheit zu einer wirksamen Reaktion erhalten, und im Idealfall ist der Ball im Tor, ohne daß ein Gegner ihn berührt hat.

Tor. Das Tor ist zunächst einmal das rechteckige Gebilde auf beiden Seiten des Spielfeldes, das aus runden Aluminiumstangen, den Pfosten und der Latte, und einem daran befestigten Netz besteht.

(In der anachronistischen Rede vom ›Gebälk‹, die bei Gelegenheit von Pfosten- und Lattentreffern noch zu hören ist, ist die Erinnerung aufbewahrt, daß die Stelle der Aluminiumstangen früher kantige Holzbalken einnahmen. Einmal in der Geschichte der Bundesliga, bei einem Spiel zwischen Borussia Mönchengladbach und Werder Bremen, brach ein morsch gewordener Pfosten, das ganze Tor fiel um, und auch das Spiel mußte abgebrochen werden.)

Das Tor ist der Arbeitsplatz des Torhüters, Torwarts, Keepers, der versucht, alle Bälle, die aufs Tor kommen, wegzufangen, -boxen oder -treten, ehe sie die Torlinie überqueren. (Als einziger

Spieler darf er dabei, innerhalb des Sechzehn-Meter-Raums, die Hände benutzen.) Wenn das nicht gelingt, und der Ball nicht doch noch haarscharf vorbei oder drüber geht oder Pfosten oder Latte trifft und ins Feld zurückprallt, dann ist der Ball im Kasten, im Gehäuse, zappelt er im Netz, hat eine Mannschaft einen Treffer kassiert oder sich ein Ding eingefangen; naturereignishaft kann es auch eingeschlagen haben. Dieser zählbare Erfolg heißt ebenfalls Tor. Das ganze Spielgeschehen schnurrt auf diesen Moment zusammen, in dem der Ball im Tor landet, und verwandelt sich in eine abstrakte Größe, eine Zahl. Und wenn man von ein paar Reminiszenzen absieht, bleibt nichts von einem Fußballspiel übrig als diese Zahl bzw. das Zahlenverhältnis, das die erzielten Tore ausdrückt. Das Torverhältnis, in dem jedes Spielergebnis festgehalten wird, ist eine Art Summenausdruck, ein fußballerisches Integral, in dem die ganze neunzigminütige Bolzerei zusammengefaßt ist: hochabstrakt und trotzdem allgemein verständlich und überaus praktisch.

Der Vollständigkeit halber erwähnt seien noch zwei Torarten, bei denen der Fußballer mit dem Schicksal hadert: das nicht gegebene und das Eigentor.

Zum bittersten überhaupt im Fußball gehört das Eigentor, bei dem ein Spieler, im Bemühen den Ball vom eigenen Tor und aus der Gefahrenzone wegzuschlagen oder -köpfen, ihn so unglücklich trifft, daß er am verdutzten Torwart vorbei ins

eigene Tor geht: ein Treffer, der für den Gegner zählt.

Nicht gegeben oder wieder aberkannt werden erzielte Tore, wenn ihnen eine Regelwidrigkeit vorausgegangen ist, zum Beispiel eine Abseitsstellung, ein Foul, ein Handspiel usw.

UNENTSCHIEDEN. Ein Spiel steht Unentschieden, solange noch kein Tor gefallen ist, und wenn und solange beide Mannschaften die gleiche Anzahl von Toren erzielt haben: geschossen, geköpft, hineingedrückt oder -geschoben, wie immer. Wenn das auch beim Schlußpfiff noch so ist, endet es

Unentschieden, geht es Unentschieden aus. Das Unentschieden bei währendem Spiel heißt Gleichstand, und die Egalisierung eines Vorsprungs wird Ausgleich genannt. Wenn das Tor zum Ausgleich fällt, steht es also wieder Unentschieden, ist das Spiel wieder offen. Eine Mannschaft, die noch zurückliegt, aber mächtig Druck macht und sich Torchancen erspielt, drängt auf den, steht vor dem Ausgleich. Manchmal jedoch, wenn ein Team sich ganz auf die Offensive konzentriert und dabei die Abwehr ein wenig vernachlässigt, fängt sie gerade dann einen Konter und gerät tiefer in Rückstand. Der Gegner baut die Führung aus, und der angestrebte Ausgleich rückt in weite Ferne. Jetzt wird es schwer, dem Spiel noch eine Wende zu geben.

Bei drei, kurz vor Schluß auch schon bei zwei, Toren Vorsprung ist das Spiel so gut wie entschieden, ist eine Vorentscheidung gefallen. Wenn der Anschlußtreffer, die Resultatsverbesserung, nicht mehr gelingt, endet das Spiel mit diesen drei bzw. zwei Toren Unterschied. Wenn es noch mehr sind, ist es eine Packung oder auch schon ein Debakel, ein Desaster, eine katastrophale, eine verheerende Niederlage (und die muß man erst mal bewältigen, verarbeiten, ehe man sie abhaken und wegstecken kann).

Eine Mannschaft, die führt und einen Treffer des Gegners zuläßt, muß ein Gegentor hinnehmen oder einstecken; vielleicht wird es dadurch noch mal eng: Spiele können ja – das weiß man – innerhalb von Minuten kippen.

Besonders fatal ist ein entscheidendes Tor in letzter Minute (für die Mannschaft, die es nicht verhindern konnte). Da hatte man sich schon auf ein Unentschieden eingerichtet, glaubte es schon in der Tasche zu haben, war mit den Gedanken schon in der Kabine, vielleicht auch schon beim nächsten Spiel, und dann das. Alles für die Katz. Soll man mit dem Schicksal hadern, mit dem Schiedsrichter, der nicht früher abgepfiffen hat, mit der eigenen Dummheit?

Abgesehen von Wettbewerben (oder Wettbewerbsrunden), in denen nach dem K.o.-System gespielt wird, geht es in Fußballspielen, den sogenannten Punktspielen, immer um zwei Punkte. Unentschieden bedeutet: kein Sieger, kein Verlierer, Punkteteilung (jeder bekommt einen); man steht also nicht mit leeren Händen da nach 90 Minuten. Bei Heimspielen wird ein Unentschieden eher als Punktverlust, auswärts eher als Punktgewinn gewertet, und man spricht davon, daß Auswärtsmannschaften einen Punkt (oder, wenn sie gewinnen, zwei Punkte) ›entführen‹, als gehörten die beiden Punkte eigentlich der Heimmannschaft, die nur nicht gut genug auf sie aufgepaßt hat. Das ist zwar Quatsch, läßt sich aber psychologisch leicht damit erklären, daß es viel mehr Heim- als Auswärtssiege gibt, der statistischen Wahrscheinlichkeit nach der Heimmannschaft die Punkte also eher zufallen als den Gästen. Über den Ausgang jedes einzelnen Spiels besagt diese Wahrschein-

lichkeit zwar gar nichts, aber die Erwartungen, ja, sogar gewisse Besitzansprüche, wie man sieht, sind eben da.

Schiedlich-friedlich trennt man sich, wenn beide Mannschaften mit dem Unentschieden zufrieden sind, wenn sie damit leben können, wenn es leistungsgerecht ist, die Mannschaften gleichwertig, sich ebenbürtig waren. Und wenn nicht? Kann die eine froh sein, einen Punkt gerettet zu haben, und die andere muß sich eben damit abfinden. Gehört auch zum Sportsgeist.

ZWEIKAMPF. Noch eine Erfolgsformel: Wer die Zweikämpfe gewinnt, gewinnt das Spiel. Gekämpft wird dabei um den Ball, hauptsächlich mit den Füßen, den Beinen (und beim Kopfballduell mit den Köpfen), aber da die Beine nicht allein auf dem Platz herumlaufen, kämpft der übrige Mensch und Fußballer mit: voller Körpereinsatz. Schließlich kann man nicht warten, bis der Gegner den Ball ins Aus oder einen Fehlpaß spielt, um in Ballbesitz zu kommen. Und auch, wenn man den Ball hat, darf man den Zweikampf nicht scheuen, ihm nicht aus dem Wege gehen, muß ihn annehmen; denn auch beim gekonntesten Paßspiel, wenn der Ball wie am Schnürchen durch die eigenen Reihen läuft, kommt immer der Moment, in dem reine Spielkunst nicht mehr weiterführt und man den Kampf Mann gegen Mann bestehen muß, um sich einen entscheidenden Vorteil zu erspielen.

Im Zweikampf geht es nicht immer ganz sauber, nicht ganz hasenrein zu; da wird mit Haken und Ösen gefightet (wer dabei an Miederwaren denkt, ist auf dem Holzweg: es ist ein Wortspiel mit Homonymen, in dem das Haken, nämlich das Angeln nach den Beinen des Gegenspielers, durch die nachgenannten Ösen zu ganz anderen Haken verdreht wird); da beharkt man sich (mit den Fußballschuhen, den Buffern, deren Stollen auf den Beinen ein ähnlich hübsches Muster hinterlassen wie die Zinken des Gartengerätes im Gemüsebeet); da sind Nickeligkeiten im Spiel: kleine Gemeinheiten, mit denen man den Gegner unausgesetzt piesackt, um ihn zu entnerven.

Es sind zwar keine richtigen Fouls, aber vom Fairplay ist das alles auch weit entfernt. Weil der Schiedsrichter das meiste davon nicht erkennen,

geschweige denn pfeifen kann, spricht man von verdeckten Fouls.

Wie es unter den Spielbeobachtern, und auch unter den Spielern selbst, eine Tendenz gibt, das Ergebnis eines Spiels im Nachhinein als ›verdient‹ zu rechtfertigen (wenn es sein muß mit allerlei Gedankenakrobatik: die überlegene, bessere Mannschaft, die verloren hat, war dann eben zu blöd und hat es deswegen nicht besser verdient), so gibt es auch eine Neigung, alles, was der Schiedsrichter nicht pfeift, was er durchgehen läßt, ein bißchen zu verharmlosen (was nicht bedeutet, daß über offenkundige Benachteiligungen nicht auch helle Empörung ausbricht; aber man ist doch ganz gern ein wenig einig mit den Tatsachenentscheidungen, die so etwas wie eine gemeinsame Wirklichkeit stiften, und selbst wenn man's anders gesehen hat, hält man sich nicht lange darüber auf und läßt, das Spiel geht ja weiter, fünfe gerade sein – Dissidenz stört das Vergnügen am Spiel und macht sich immer erst dann richtig breit, wenn's mit der Freude sowieso vorbei ist: weil die eigene Mannschaft auf der Verliererstraße ist).

Fast das gesamte Vokabular, mit dem Zweikampfverhalten beschrieben wird, drückt nämlich eine gewisse – wie soll man's nennen? Komplizenschaft? mit den Tätern aus, den ungestraft bleibenden Übeltätern. Rohes Spiel wird nicht etwa scharf gegeißelt, sondern mit so mäßiger Distanz, daß Kritik kaum herauszuhören ist, als engagiert, konsequent, kompromißlos beschrieben – wobei der, abgelehnte, Kompromiß offenbar darin bestünde, die Möglichkeit in Erwägung zu ziehen, daß auch der Gegenspieler aus dem Zweikampf als Sieger hervorgehen könnte. Aber nein. Man schont sich selbst und den Gegner nicht; wo rabiat getreten wird, wird in der Fußballsprache lediglich eingestiegen (damit der dribblestarke Angreifer einen selbst nicht aussteigen läßt), man teilt aus und steckt ein, kämpft, wie ein Boxer, mit harten Bandagen, ist selber hart im Nehmen, beißt auf die Zähne, wenn's einen erwischt hat, ist nicht zimperlich: ein harter Knochen also, der seinerseits dem Gegner die Knochen, die Schienbeine oder – kleiner Zynismus im Vorbeigehen – die Schienbeinschoner poliert. Kurz: So ein richtiger Zweikämpfer ist kein Kind von Traurigkeit, wie es immer dann heißt, wenn so ein Grobian besonders fröhlich hingelangt hat (und der Gegner sich vor Lachen am Boden windet). Foul? Im Zweifelsfall ist es internationale Härte; da würde man sich ja lächerlich machen, wenn man reklamieren, sich auf die hausbackene nationale Idylle berufen wollte. Man muß einfach dagegenhalten, wenn man ein Kerl ist, und im Notfall Vegetarier werden: Gras fressen.

Literatur und Reisen im insel taschenbuch

Alt-Prager Geschichten. Gesammelt von Peter Demetz. Mit Illustrationen von Hugo Steiner-Prag. it 613

Alt-Wiener Geschichten. Gesammelt von Joseph Peter Strelka. Mit sechs farbigen Abbildungen. it 784

Das andere Ferienbuch. Herausgegeben von Vera Pagin und Hans-Joachim Simm. it 1174

Ernst Batta: Römische Paläste und Villen. Annäherung an eine Stadt. Mit zahlreichen Abbildungen. it 1324

Berlin. Literarischer Führer. Von Fred Oberhauser und Nicole Henneberg. Mit farbigen Abbildungen. it 1412

Sigrun Bielfeldt: Literarischer Führer durch Moskau. Mit zahlreichen Abbildungen. it 1382

Bodensee. Reisebuch. Herausgegeben von Dominik Jost. Mit zahlreichen Abbildungen. it 1490

Bonn. Ein Städte-Lesebuch. Herausgegeben von Doris Maurer und Arnold E. Maurer. Mit zahlreichen Abbildungen. it 1224

Kai Brodersen: Die Sieben Weltwunder. Philon von Byzanz und andere antike Texte. Zweisprachige Ausgabe von Kai Brodersen. Mit zahlreichen Abbildungen. it 1392

Dresden. Ein Reiselesebuch. Herausgegeben von Katrin Nitzschke. Unter Mitarbeit von Reinhard Eigenwill. Mit zahlreichen Abbildungen. it 1365

Das Ferienbuch. Literarische Souvenirs, aufgelesen von Vera Pagin und Hans-Joachim Simm. it 1082

Dominique Fernandez: Süditalienische Reise. Aus dem Französischen von Julia Kirchner. Mit farbigen Fotografien von Martin Thomas. it 1076

Flandern. Ein literarisches Landschaftsbild. Herausgegeben von Werner Jost und Joost de Geest. it 1254

Florenz. Lesarten einer Stadt. Herausgegeben von Andreas Beyer. Mit zahlreichen Illustrationen. it 633

Florida. Reisebuch. Herausgegeben von Katharina Frühe und Franz Josef Görtz. Mit zahlreichen Abbildungen. it 1492

Theodor Fontane: Jenseit des Tweed. Bilder und Briefe aus Schottland. Mit zahlreichen Abbildungen und einem Nachwort herausgegeben von Otto Drude. it 1066

Georg Forster: Reise um die Welt. Herausgegeben und mit einem Nachwort von Gerhard Steiner. it 757

Frankfurt. Reisebuch. Herausgegeben von Herbert Heckmann. Mit zahlreichen Abbildungen. it 1438

158/1/8.92

Literatur und Reisen
im insel taschenbuch

Manuel Gasser: Spaziergang durch Italiens Küchen. Mit Bildern von Manfred Seelow. it 391

Johann Wolfgang Goethe: Italienische Reise. Mit vierzig Zeichnungen des Autors. Herausgegeben und mit einem Nachwort versehen von Christoph Michel. it 175

– Tagebuch der Italienischen Reise 1786. Notizen und Briefe aus Italien. Mit Skizzen und Zeichnungen des Autors. Herausgegeben und erläutert von Christoph Michel. it 176

– Tagebuch der ersten Schweizer Reise 1775. Goethes letzte Schweizer Reise. Mit den Zeichnungen des Autors und einem vollständigen Faksimile der Handschrift, herausgegeben und erläutert von Hans-Georg Dewitz. it 300/375

Dietmar Grieser: Wiener Adressen. Ein kulturhistorischer Wegweiser. it 1203

Hamburg. Ein Städte-Lesebuch. Herausgegeben von Eckart Kleßmann. it 1312

Victor Hehn: Olive, Wein und Feige. Kulturhistorische Skizzen. Herausgegeben von Klaus von See unter Mitwirkung von Gabriele Seidel-Leimbach. Mit farbigen Abbildungen. it 1427

Heidelberg-Lesebuch. Stadt-Bilder von 1800 bis heute. Herausgegeben von Michael Buselmeier. it 913

Heinrich Heine: Briefe aus Berlin. Herausgegeben von Joseph A. Kruse. it 1322

– Italien. Mit farbigen Illustrationen von Paul Scheurich. it 1072

Hermann Hesse: Mit Hermann Hesse durch Italien. Ein Reisebegleiter durch Oberitalien. Mit farbigen Fotografien. Herausgegeben von Volker Michels. it 1120

Mit Hermann Hesse reisen. Betrachtungen und Gedichte. Herausgegeben von Volker Michels. it 1242

Istanbul. Herausgegeben von Esther Gallwitz. Mit Illustrationen von Thomas Allom. it 530

Erhart Kästner: Griechische Inseln. Aufzeichnungen aus dem Jahre 1944. Mit einem Nachwort von Heinrich Gremmels. it 118

– Kreta. Aufzeichnungen aus dem Jahre 1943. Mit einem Nachwort von Heinrich Gremmels. it 117

– Die Lerchenschule. Aufzeichnungen von der Insel Delos. it 57

– Ölberge, Weinberge. Ein Griechenland-Buch. Mit Zeichnungen von Helmut Kaulbach. it 55

– Ölberge, Weinberge. Die Stundentrommel vom heiligen Berg Athos. 2 Bände in Kassette. it 55/56

58/2/8.92

Literatur und Reisen
im insel taschenbuch

Erhart Kästner: Die Stundentrommel vom heiligen Berg Athos. it 56

Kunstführer durch Sachsen und Thüringen. Herausgegeben von Katharina Flügel. Mit farbigen Abbildungen. it 1327

Carl von Linné: Lappländische Reise. Mit Zeichnungen des Autors. Aus dem Schwedischen übersetzt von H. C. Artmann unter Mitwirkung von Helli Clervall. it 102

Literarischer Führer durch Schwarzwald und Oberrhein. Ein Insel-Reisebuch. Herausgegeben von Hans Bender und Fred Oberhauser. Mit zahlreichen Abbildungen. it 1330

London. Eine europäische Metropole in Texten und Bildern. Herausgegeben von Norbert Kohl. it 322

Doris Maurer / Arnold E. Maurer: Literarischer Führer durch Italien. Ein Insel-Reiselexikon. Mit zahlreichen Abbildungen, Karten und Registern. it 1071

Doris Maurer / Arnold E. Maurer: Literarischer Führer durch Venedig. Mit farbigen Abbildungen. it 1413

Günter Metken: Reisen als schöne Kunst betrachtet. Erlebtes und Gesehenes aus fernen Ländern. Mit Photographien von Sigrid Metken. it 639

Mit Rilke durch das alte Prag. Herausgegeben von Hartmut Binder. Mit zahlreichen Abbildungen. it 1489

Michel de Montaigne: Tagebuch einer Reise durch Italien. Aus dem Französischen von Otto Flake. it 1074

Sigrun Bielfeldt: Literarischer Führer durch Moskau. Mit zahlreichen Abbildungen. it 1382

München. Ein Lesebuch. Herausgegeben von Reinhard Bauer und Ernst Piper. Mit zahlreichen Abbildungen. it 827

Fred Oberhauser / Gabriele Oberhauser: Literarischer Führer durch Deutschland. Ein Insel-Reiselexikon für die Bundesrepublik Deutschland und Berlin. Mit Abbildungen, Karten und Registern. it 527

Paris. Deutsche Republikaner reisen. Herausgegeben von Karsten Witte. it 389

Ernst Penzoldt: Sommer auf Sylt. Liebeserklärungen an eine Insel. Mit farbigen Zeichnungen des Verfassers. Herausgegeben von Volker Michels. it 1424

Potsdam. Ein Reise-Lesebuch. Herausgegeben von Doris Maurer und Arnold E. Maurer. Mit farbigen Abbildungen. it 1432

Prag. Ein Lesebuch. Herausgegeben von Jana Halamičková. Mit zahlreichen Abbildungen. it 994

Rom. Ein Städte-Lesebuch. Herausgegeben von Michael Worbs. it 921

158/3/8.92

Literatur und Reisen
im insel taschenbuch

Salzburg. Ein Städte-Lesebuch. Herausgegeben von Adolf Haslinger. Mit zahlreichen Abbildungen. it 1326

Schleswig-Holstein. Ein Reiselesebuch. Herausgegeben von Dieter-Alpheo Müller und Fred Oberhauser. Mit zahlreichen Abbildungen. it 1393

Südtirol. Ein literarisches Landschaftsbild. Herausgegeben von Dominik Jost. it 1317

Toskana. Ein literarisches Landschaftsbild. Herausgegeben von Andreas Beyer. Mit Fotografien von Loretto Buti. it 926

Tübingen. Ein Städte-Lesebuch. Herausgegeben von Gert Ueding. Mit zahlreichen Abbildungen. it 1246

Umbrien. Reisebuch. Herausgegeben von Isolde Renner. Mit zahlreichen Abbildungen. it 1491

Venedig. Herausgegeben von Doris Maurer und Arnold E. Maurer. Mit zahlreichen Abbildungen. it 626

Warum in die Ferne? Das Lesebuch vom Daheimbleiben. Eingerichtet von Hans Christian Kosler. it 1332

Die Welt der Museen. Herausgegeben von Joachim Rönneper. it 1493

Westfalen. Ein Reiselesebuch. Herausgegeben von Hans Georg Schwark und Fred Oberhauser. Mit zahlreichen Abbildungen. it 1394

Wien im Gedicht. Herausgegeben von Gerhard C. Krischker. it 1488

58/4/8.92